En el Nombre de Alá, el m

Como el Corán Corrige la Biblia
El Islam une al Judaísmo y Cristianismo con Amor

Acreditado por la Academia de la Investigación islámica de Al Azhar
University (Universidad Al Azhar en Cairo, Egipto)

También por Mohamed Ghounem

101 Citas de la Biblia sobre Cristo Refutando la Trinidad

La Manzana y el Crucifijo: La Cristiandad Revelado

¿Quién es Nuestro Salvador? Alá o Jesús

Cuando los Cristianos Preguntan: El Corán da la Respuesta

Cuando los Judíos Preguntan: El Corán da la Respuesta

Cuando los Cristianos Contradicen los Judíos; Las Respuestas del Corán

Dejando el Judaísmo para el Islám: Los Judíos Hablan

Judíos y Musulmanes Están de Acuerdo: Las Leyes para Amar

¿Por qué Morimos? Filosofías Modernas y Antiguos

Para más información, vaya a http://www.MuslimPlanet.com

Como el Corán Corrige la Biblia
El Islam une al Judaísmo y Cristianismo con Amor

ISBN: 0-9763532-4-5

Fabricado en los Estados Unidos de América
El Plan de la tapa: Adeel Malik, Brooklyn NY,

El Comité Musulmán Multi-Nacional (MNMC)

http://www.MuslimPlanet.com

Publicador está Catalogando la Publicación

Ghounem, Mohamed, Juan Alvarado
Como el Corán corrige la Biblia: El Islam une al Judaísmo y Cristianismo con Amor
[Mohamed Ghounem, Juan Alvarado]
1er ed.
p. cm.
Incluye referencias bibliográficas e índice.
Preasignado LCCN: 2003115711
ISBN: 0-9728518-8-7

1.   El Corán y la Relación a la Biblia.   I. El título.
2.   Islám y la Relación al Judaísmo.   II. El título.
3.   Islám y la Relación-a la Cristiandad.   III. El título.
4.   Apologéticos.
BP134.G4 2006

Preámbulo

El amor reúne a las personas. En un método bonito y melodioso, el Corán trae la armonía entre los judíos y cristianos. Mandando las escrituras sagradas en uno, el Corán se interpone, reconcilia, y une.

El amor viene de la comunicación coherente y el entendimiento mutuo. El Corán fue conservado en su idioma y versión original durante casi 1,400 año. Ha sido una luz clara que nos guía.

Un número creciente de judíos y cristianos proponen preguntas perplejas a sus académicos bíblicos. La línea que demarca a Dios y los humanos esta creciente. Muchas de estas preguntas han causado una fase de debate entre los judíos y cristianos, mientras causando una animosidad irreconciliable entre los dos. El Corán resuelve estas preguntas, mientras construyendo un puente de entendimiento entre los humanos y Dios.

El Corán busca traer la paz y acuerdo entre los humanos, arbitrando las diferencias divinamente entre los judíos y cristianos, uniéndolos en musulmanes. Este volumen magnifica algunos de los milagros del Corán demostrando centenares de maneras el Corán rectifica la Biblia:

"¡Profeta!, te hemos revelado el Libro (el Corán) que ordena la verdad en todas sus prescripciones y sus narraciones, confirmante y salvaguardia de Nuestros Libros anteriores, corroborando la veracidad de éstos, y celador de los mismos por haberlo preservado de toda tergiversación. Juzga entre adeptos del Libro- si te consultan- conforme a lo que Dios te reveló y no transijas con sus concupiscencias y deseos de desviarte de la verdad. ¡Humanos! A cada una de vuestras naciones hemos estipulado una norma evidenciando la verdad y un camino religioso claro para transitarlo. Si Dios hubiese querido habría hecho de vosotros una sola nación con un solo criterio y una sola aspiración, cuyos métodos y orientación no cambian con el tiempo; pero os ha hecho así para probaros con lo que os agració y prescribió para evidenciar quién es obediente y quién es rebelde. Aprovechaos, pues, de tales oportunidades y apresuraos en la benevolencia, porque vuestro retorno será a Dios, a Él sólo; y os revelará la verdad acerca de vuestras divergencias, compensará a cada cual a la luz de sus obras." (Corán 5:48)

Además, los mitos con respecto al Corán atacando o copiando la Biblia son completamente dispersados. En cambio, el Corán defiende el origen de la Biblia, y de sus Profetas ayudando los seguidores del Judaísmo y Cristiandad para hacerlos Monoteístas más fuertes y no se oscilarlo por las tensiones en las escrituras anteriores. Además, la reclamación de que el Corán Noble copia la Biblia se refuta;

"Él te ha revelado la Escritura con la Verdad, en confirmación de los mensajes anteriores. Él ha revelado la Torá y el Evangelio antes, como dirección para los hombres, y ha revelado el Criterio. (Corán 3:3)

Editor
Mona Ghounem

Los volúmenes

LA INTRODUCCIÓN.. 12

(I.) DIOS.. 18

   1.   ¿Necesita Serenidad?.................................. 18
   2.   ¿Necesita Comida? 18
   3.   ¿Necesita Sueño?.. 19
   4.   ¿En la oscuridad o la Luz?........................ 19
   5.   ¿Hace Errores? 20
   6.   ¿Dios se puede ver?.................................... 21
   7.   ¿Dios se recuerda de todo?....................... 23
   8.   ¿Dios es débil cuando lucha? 23
   9.   ¿Moviendo hierro? 24
  10.   ¿La reputación de Dios? 25
  11.   Buscando a Adán 26
  12.   ¿El Señor de la Tierra? 26
  13.   ¿Dios esta cerca? 27
  14.   ¿Sentado o parado?.................................... 27
  15.   Castigo colectivo 28
  16.   ¿Destruyendo el mundo de nuevo?.......... 28
  17.   Vanidad 29
  18.   ¿Misericordioso?....................................... 29
  19.   Propuesta indecente 30

(II.) LOS PROFETAS.. 31

  20.   ¿Moisés fue matado debido al pecado?... 31
  21.   ¿Se rindió Aarón al culto de los ídolos? ... 33
  22.   El profeta David 34
  23.   La maldición de Jesús............................... 35
  24.   ¿El Crimen de Cain?.................................. 37
  25.   ¿Donde estaba Moisés? 38
  26.   ¿Profeta o Espíritu? 38
  27.   El que recita 40

(III.) LA CIENCIA 42

  28.   La Biblia, el Corán, y la Evolución 42
  29.   Inconsistencia cronológica 42
  30.   Luz en el universo 43
  31.   El crecimiento de matas............................ 43
  33.   Arboles creado antes del hombre 45
  35.   La forma del mundo 49
  36.   ¿La tierra se mueve?................................. 51
  38.   El cielo está aguantado 52
  39.   Promedio vital 53

40.	¿En la Tierra para siempre?	55
41.	Buscando sabiduría	55
42.	Examinando la embriología	56
43.	¿Desde los intestinos?	58

(IV.) LAS LEYES **59**

44.	¿Codiciar regalos?	59
45.	¿La vaca misericordiosa?	59
46.	¿El celibato preferido?	60
47.	Halál es Kocher	61
48.	¿Vegetariano?	63
49.	La razón por el Sabát	64
50.	¿Trabajo en el Sabát?	65
51.	Esclavitud o no	66
52.	¿Leyes buenas?	67
53.	¿Predicadores o pobres?	69
54.	¿La carga de interés?	70
55.	¿El cohecho es aprobado?	71
56.	El ayuno	71
57.	El destino del apóstata	72
58.	La fe ciega	73
59.	¿Lisiado?	74
60.	¿Apariencia facial?	75
61.	¿Pie herido?	75
62.	¿Mano herida?	76
63.	¿Jorobado?	76
64.	¿Crecimiento restringido?	77
65.	¿Primogénito?	78
66.	¿La poligamia?	78
67.	¿Declarar un juramento?	79
68.	¿Palabras agradables?	80
69.	¿Esclavizando a niños?	80
70.	¿Riéndose es legal?	81
71.	¿Hablando con otros?	82
72.	Comportamiento con misioneros	82
73.	¿Regálelo todo?	83
74.	El desprecio del sermón	84
75.	¿Obedezca a los padres en todos?	84
76.	¿Israel es condicional?	85
77.	¿El incesto es permitido?	86
78.	Los derechos del hombre divorciado	86

(V.) LA HISTORIA **88**

79.	La sentencia de Adán	88
80.	La conciliación de Adán	89

81.   La maldición de Babilonia... 90

82.   El diluvio de Noé (Mundial o Local) 91

83.   ¿Un par o siete pares?.. 92

84.   ¿El primero para ascender? 93

85.   La profecía de José 94

86.   ¿La venta de José?... 95

87.   ¿El sacrificio de Abrahán?... 98

88.   ¿Uno o dos hijos? 100

89.   David 101

90.   ¿El Faraón temido?.. 102

91.   ¿Por qué murió la esposa de Lot?.................................... 103

92.   ¿Israel es salvo?.. 104

93.   ¿Judah o Saúl? 105

(VI.)   LAS MUJERES.. 107

94.   ¿La culpa es de Adán o Eva?... 107

95.   ¿Se castigan igualmente Adán y Eva? 108

96.   La Biblia prohibe a las mujeres hablar 109

97.   Amputación de hembras 111

98.   ¿El divorcio es permitido?... 112

99.   ¿La divorciada es una adúltera? 113

100.   ¿Encender el amor? 114

101.   ¿Botado de la casa? 114

102.   ¿Niño del ex-esposo?.. 115

103.   Las viudas y hermanas no heredan 116

104.   El violador obligado casarse con la víctima 117

105.   ¿Se casó con el cuñado? 117

106.   ¿Por qué no le tiraron piedras a Maria?........................... 118

107.   ¿Después del nacimiento? 119

108.   ¿El nacimiento de una hija es una pérdida?..................... 120

109.   ¿La viuda no se puede casar con un sacerdote?................ 121

110.   ¿Las divorciadas no pueden casarse con un sacerdote? 121

111.   ¿Quiénes son los padres de Eva?.................................... 122

112.   ¿La venta de una mujer? 123

113.   ¿Los hombres valen más?.. 123

114.   La pureza 124

115.   ¿Esposas idólatras?... 125

116.   ¿Apellido de soltera?.. 125

(VII.) JESUS 127

117.   ¿Dos hombres ciegos? 127

118.   ¿Algunos enfermos? 127

119.   Sin ninguna duda 128

120.   ¿Muy pesado? 129

121.   ¿Cómo colgaron a Jesús?.. 129

122. ¿Mi padre o abba?.. 130
123. ¿El último rezo?... 130
124. ¿La última palabra? 132
125. ¿Qué les dieron a Jesús para tomar? 133
126. Los dos ladrones burlones 134
127. Te veo en el Cielo.. 136
128. ¿Se cae la cortina? 137
129. ¿Las horas? 137
130. Encomio... 138
131. ¿Confirmación de muerte?... 139
132. ¿Inscripción de la cruz?... 139
133. ¿Noches de Entierro?... 139
134. ¿Enrollo con especias?... 140
135. ¿Quién lo dijo?... 140
136. ¿Tocado?.. 141
137. Permitiendo la muerte de Jesús.. 142
138. ¿Cuerpos diferentes?.. 142
139. ¿Jesús supo?... 143
140. El otro cachete 146
141. ¿Hijo de hombre o de Maria? 147
142. ¿Una virgen o mujer joven?... 147
143. ¿Lleno del Espíritu?... 148
144. ¿Jesús juzga?.. 149
145. ¿Jesús es demonio?.. 149
146. ¿Jesús dice mentiras? 150
147. ¿Veracidad del testigo?.. 151
148. ¿Enviado al mundo? 152
149. ¿Ovejero u oveja? 152
150. ¿Fue Cristo desgraciado?... 153
151. ¿Descendió al Infierno?.. 154
152. ¿El primero a ser resucitado?... 155
153. ¿Primogénito?.. 156
154. ¿Fue Maria pecadora?.. 156
155. ¿Hipócrita?... 157
156. ¿El perdón antes de Cristo? 158
157. ¿Dijo Todo? 158
158. ¿Abolió las leyes de Moisés?... 159

(VIII.) LA TRINIDAD 162

159. ¿Rey de todos?... 162
160. ¿El Sagrado?.. 163
161. ¿La Paz?... 164
162. ¿Confiado?... 166
163. ¿El Protector? 167
164. ¿Fuerte y Poderoso?... 169

165.	¿El Omnipotente?	169
166.	¿El Creador?	170
167.	¿El Perdonador?	171
168.	¿El Omniscio?	171
169.	¿El Apreciable?	172
170.	¿El Fuerte?	173
171.	¿El que ve todo?	173
172.	¿El que contesta oraciones?	174
173.	¿El Único?	175
174.	¿El Último?	175
175.	¿El Justo?	177
176.	¿El Recogedor?	178
177.	¿El que da seguridad?	179
178.	¿La Guía?	180
179.	¿El Paciente?	181
180.	¿El Oculto?	182
181.	¿El Proveedor?	183
182.	¿El Eterno?	184
183.	¿Tiene Dios miedo de nosotros?	184
184.	¿Dios engendra?	186
185.	¿Son perezosos los creyentes trinitarios?	186
186.	¿La Palabra?	189
187.	¿Rindiéndose culto a un hombre?	191

(IX.) LA VIDA DESPUÉS DE LA MUERTE **193**

188.	Cómo remover el pecado	193
189.	¿Pecadores nacidos?	193
190.	¿Quién es Satanás?	194
191.	¿Vírgenes varones?	195
192.	¿La pobreza es una maldición?	196
193.	¿Inmortal pío?	197
194.	¿Hay luz en el Infierno?	198
195.	¿Otra oportunidad?	199
196.	¿Salvo para siempre?	200

(X.) COSAS ADICIONALES **202**

197.	¿Recompensado en la Tierra o en el Cielo?	202
198.	¿Muerte en el Infierno?	203
199.	¿La tierra para siempre?	204
200.	¿Cielo eterno?	204
201.	¿Sentir tentaciones?	205
202.	¿Quién Robó?	206
203.	¿El Amor incondicional?	206
204.	¿Todos los pecados son iguales?	207
205.	¿Los judíos son los elegidos de Dios?	208

LA CONCLUSIÓN...**210**
LA BIBLIOGRAFÍA...**215**
EL ÍNDICE..**219**

La Introducción

En un tiempo, la Biblia era pura pero durante los siglos, los escribanos, copistas y lingüistas han causado errores a la palabra divina y le han causado ser escrito, copiado, y traducido mal. El Corán cura las inserciones humanas que han causado la confusión en la Biblia. El Corán remienda manipulaciones mayores que se manifiestan entre los escribanos de Moisés comparado a los escribanos de Jesús, causando la línea de contradicciones entre los judíos y cristianos. Donde la Biblia hace una aserción errónea, el Corán se opone a la contradicción con descripciones exactas y detalladas. Donde la Biblia da lista de exégesis contradictorias múltiples, el Corán corrige la Biblia con un solo compendio poderoso.

Sobre este libro:

Este estudio de investigación es esencialmente cuatro libros en uno:

1) Un libro de **Errores**; listando encima de 200 dificultades en la Biblia.
2) Un libro de **Excusas**; listando los esfuerzos por los apologéticos Bíblicos para remediar los errores.
3) Un libro de **Refutaciones**; listando las respuestas a las excusas de los sabios Bíblicos, para que el lector pueda hacer una comparación objetiva.
4) Un libro de **Correcciones**; listando las maneras milagrosas el Corán logra lo qué milenios de estudiosos de la Biblia no pudieron. En este análisis comprensivo, usted encontrará cómo el Corán da las correcciones claras y concisas a los errores de la Biblia.

Mayormente, éste es un libro de unidad, conciliando las diferencias entre los judíos y cristianos:

"No te hemos revelado la Escritura sino para que les expliques en qué discrepaban y como dirección y misericordia para gente que cree." (Corán 16:64)

El Propósito:

El propósito de este libro es multidimensional:

Para presentar armonía a los descendientes de Abrahán. Por el acuerdo viene el amor y el amor esta al contrario de la guerra. La tranquilidad pacífica es el efecto del Corán a las familias belicosas, vecinos, tribus, países y religiones. El Corán une más de un mil millones humanos de todos fondos étnicos y socio-económicos, juntos hombro a hombro y pie a pie, en el culto de Un Creador,

Para solidificar lo que muchos musulmanes han estado declarando, que el Corán vino a corregir la Biblia. El Corán es el árbitro Divino de la Biblia, mientras juzgando entre los judíos y cristianos y siendo el unificador de los dos.

Para clarificar un milagro a menudo sobrepasado del Corán. Hay casi un millón de términos en la Biblia entera, y por esta razón es celestialmente increíble y completamente imposible filtrarse a través de estas millones de palabras e identificar y corregir detalles que no fueron conocidos a estar equivocado dentro de la Biblia hasta siglos después del Corán. El Corán, viniendo del Señor de los cielos y la tierra, logra esta tarea divina para los humanos llevar a cabo.

Para dispersar los mitos que el Corán copió la Biblia. Demostrando que el Corán no es la copia, es la corrección.

Otro mito es que el Corán viene del demonio. Daremos testimonio que el Corán corrige la Biblia en los temas de la *moralidad, justicia, e igualdad* solo para nombrar unos pocos. Dios quiere que nosotros seamos moral, justo, y equitativo; pues por esto el Corán es de Dios.

Cómo este libro fue hecho:

Todas alabanzas se le deben a Alá por la inspiración y tiempo para hacer este libro. Casi una década de investigación se han compilado en este libro. Originalmente, este libro era titulado "50 Maneras...", entonces me di de cuenta inicialmente de un lustre – descubrí después que el lustre realmente era un tesoro grande de correcciones del Corán para la Biblia. Dios me inspiró y encontré más maneras cada vez, incluso hasta 101 maneras, y entonces los resultados superaron 200. Es un honor y placer para compartir estos resultados con usted, el lector. Mucho del material comparativo para este libro se interpone directamente de las preguntas y respuestas entre los estudiantes de la Biblia y sus maestros. Esos ciclos de preguntas (sin contestaciones o malamente contestado) han causado muchos a dejar o incluso a rebelarse contra el amor de Dios. El Corán Santísimo da las respuestas divinas a esas preguntas y deja uno en acuerdo completo con el alma, corazón, y mente.

El Hadíz no fue incorporado en la comparación. El uso de Hadíz (los refranes de Profeta Mohamet y sus compañeros) podría dar más maneras posiblemente como la literatura islámica corrige la literatura Cristiana y Judaico, pero usando Hadíz entonces habría requerido una comparación con el Talmud judío (los refranes de los Rabinos) así como las Encíclicas (los refranes de los Papas). Por consiguiente, esto cavaría con opiniones de segundo y tercera persona que serían muy polémico y menos recto que comparando nuestras escrituras fundamentales directamente; la Biblia y el Corán. La autenticidad de unos Hadíces, Talmudes, y Encíclicas incluso son cuestionados por sus propios creyentes; algunos cristianos no creen o adhieren a algunas Encíclicas, y algunos judíos no aceptan algunas decisiones del Talmud, por consiguiente no sería justo usar comparaciones que no son aceptado como verdadero por todas las tres religiones. Consiguiente, esta comparación se ha limitado al Corán y la Biblia.

Cómo usar este libro;

Nosotros invitamos al lector musulmán y no-musulmán leer este libro con una mente abierta. Al discutir este libro con otros, por favor úselo como una herramienta para la unidad en lugar de la animosidad.

El Mapa de Refutación:

Los estudiosos han intentado hacer excusas para las oraciones discordantes y anormales dentro de la Biblia. Con el principio de justicia, nosotros estamos dándole la oportunidad de analizar las excusas estudiosas objetivamente por los maestros bíblicos al lector, junto con refutaciones diagnósticos islámicas a sus razones:

Excusa A: Lo irracional puede ser racional en un momento más tarde. Cuando científicos descubren algo irracional, ellos continúan investigándolo porque una explicación racional puede encontrarse en un momento más tarde.

(Contestación A) - Principalmente, éste es un punto válido, pero ya ha sido más de 2,000 años que un Profeta de la Biblia ha aparecido o ha reaparecido. Dios no dejaría 2,000 años de generaciones humanas en la confusión y con dilemas teológicos inexplicables.

Por esto, Dios ha enviado al Corán Santo para que explique las anomalías en la Biblia. Dios bendijo a los humanos con lo que necesitan para tener éxito en esta vida y en la vida que viene. Lo que no es explicado en la Biblia debe explicarse. Esta explicación viene del Corán, la última revelación. Cuando las personas asumen que los inexplicable nunca se explicará o se explicará en un momento más tarde, entonces las personas deben ir al Corán para clarificación inmediata y para llenar el vacío.

Excusa B: Los seres humanos no pueden entender la Revelación de Dios totalmente, a menos que el Espíritu de Dios esté con nosotros. Porque los seres humanos son imperfectos, nosotros no podemos interpretar lo que Dios dice perfectamente.

(Contestación B) - Éste es un argumento redondo basado en (1 Corintios 2:14) "Porque el hombre animal no puede hacerse capaz de las cosas que son del Espíritu de Dios; pues para él todas son una necedad y no puede entenderlas, puesto que se han de discernir con luz espiritual" Esto nos ha llevado a la conclusión que uno necesitaría estar en un cierto estado espiritualmente alterado de mente, un auto-hipnosis que la Biblia es verdad.

Es inaceptable que uno tiene que estar en un estupor mental para aceptar la Biblia. Cuando la mente está clara de embriagantes interiores o externos, sólo entonces puede uno juzgar claramente entre la Verdad y la distorsión. (1 Corintios 14:33) "Porque Dios no es Dios de desorden."

Excusa C: Usted debe entender el contexto del verso.

(Contestación C) - Éste es un reclamo falso porque hay una cantidad abundante de capítulos en la Biblia que no contiene ningún contexto, por ejemplo; los Proverbios. Los versos son varios declaraciones independientes que saltan a través de asuntos diferentes. Otros ejemplos incluyen las diferencias entre Samuel, Reyes, y Paralipómenos que contienen versos sobre personas y números que invalidan el argumento del contexto.

Excusa D: Una palabra vital es difícil de interpretar porque raramente se usa en la Biblia
(Contestación D) - Todo en la Escritura es importante para los seres humanos. Nuestra guía de Dios viene de la escritura. Si la escritura no está clara en un pasaje oscuro, entonces nosotros no podemos saltar simplemente pasando esa oración o intentar concluir el significado con otra oración clara. Además, el Corán se dio a nosotros para aclarar la oscuridades que se encuentran dentro de la Biblia.
Excusa E: Éso es lo que dice pero éso no es lo que significa
(Contestación E) - Si los escritores de la Biblia quisieron decir algo más, ¿entonces por qué ellos no lo grabaron como estaba supuesto de ser? ¿Quizas fue que sus plumas fueron impedido de lo que los escribas quisieron decir? Aquéllos que usan este argumento reclaman conocer el griego y el hebreo más que los escritores griegos y hebreos antiguos en los tiempos Bíblicos. Los traductores de la Biblia utilizan una inmensa cantidad de diccionarios vocabularios y textos antiguos para escoger la interpretación exacta. A su vez, el propio proceso de elegir las palabras Bíblicas, invalide su excusa.
Excusa F: Errores del Copista
(Contestación F) - Ésta es otra excusa inaceptable porque esto está admitiendo que la Biblia que tenemos tiene errores humanos, consiguiente no puede ser un libro divino. Por ejemplo, un artículo o es hecho en China o hecho en el EE.UU., no se puede hacer en ambos lugares, a menos que se transporta entre los dos. En ese entonce, ya no es 100% chino o 100% americano, es diluido y no es 100% auténtico.
Excusa G: Las Escrituras que vienen después reemplazan la Escrituras Anteriores.
(Contestación G) - Si esto es verdad, entonces hay un mil millones de musulmanes que declaran que el Corán reemplaza las revelaciones pasadas incluso la Biblia (la Tora y el Evangelio). El hecho es, Dios le prometió a Abrahán que el testamento de las Leyes es para siempre y eterno. Jesús también declaró que él no vino a cambiar las leyes: "No penséis que yo he venido a abrogar la ley, ni los profetas: no he venido a abrogarla sino a darle su cumplimiento. Pues en verdad os digo que antes pasarán el cielo y la tierra que no un yod (la letra más pequeña del hebreo) o una tilde de la ley, hasta que todo se haya cumplido." (Mateo 5:17-18).
Excusa H: Las palabras Bíblicas se están tomando literalmente en vez de simbólicamente o metafóricamente.

(Contestación H) - La apologética de los sabios biblicos intentan recurrir a esta excusa cuando hay falta de sentido común. Una frase entera se exige ser literal salvo la palabra divergente en la frase en cual esa palabra errante se categoriza como "metafórico." Nosotros no podemos escoger cuales palabras selectivamente en una frase son figurativo mientras que las demás palabras en la frase y en el capítulo son literal.

Excusa I: Error de Traducción

(Contestación I) - La apologética de los maestros biblicos admiten que algunos de los errores en la Biblia se atribuyen a los errores de la traducción del hebreo al griego al latín al alemán al inglés. Cualquier lingüista admitiría que ninguna palabra puede ser traducida perfectamente de un idioma a otro, sobre todo de un idioma a través de cuatro idiomas.

Esto puede ser aceptable en los textos mundanos, pero esta excusa es inaceptable en las Escrituras Divinas, sobre todo en luz del Corán. Esta excusa se corrige por el Corán porque el Corán sólo se acepta como auténtico en su idioma original (árabe). Todavía, los apologéticos de la Biblia quieren que nosotros creamos que la Biblia es Divina e infalible en cada idioma del mundo cuando eso es lingüísticamente imposible, y al mismo tiempo confiesan que hay errores de traducción en la Biblia.

(I.) Dios

¡El Omniscio y Omnipotente, Creador de Todo incluyendo nuestros pensamientos!

1. ¿Necesita Serenidad?

Equivocación: Dentro de los siguientes pasajes, la Biblia yerra claramente declarando que Dios descansa.

"Y acabó Dios en el día séptimo su obra que hizo, y reposó el día séptimo de toda su obra que había hecho. Y bendijo Dios al día séptimo, y santificólo, porque en él reposó de toda su obra que había Dios criado y hecho." (Génesis 2:2,3).

Narradores de la Biblia tomaron la idea que Dios descansó más allá cuando ellos escribieron lo siguiente:

"En seis días hizo Dios los cielos y la tierra, y en el séptimo día cesó, y reposó." (Éxodo 31: 17)

La excusa: Traducción mala.

La refutación: (Vea la respuesta [I] en el Mapa de Refutación)

La corrección: Según el Corán, Dios no muestra cualquier atributo humano de debilidad o fatiga, y consiguiente, no necesita descanso. Este reclamo falso de que Dios necesita descanso se corrige en las propias palabras de Dios cuando Dios declaró:

"Creamos los cielos, la tierra y lo que entre ellos está en seis días, sin sufrir cansancio. " (Corán 50:38).

Según el Sagrado Corán, el Último Testamento, Dios no se cansa:

"Ni la somnolencia ni el sueño se apoderan de Él." (Corán 2:255).

2. ¿Necesita Comida?

Equivocación: Dios come comida sólida con Abrahán. (Génesis 18:1-8)

La excusa: Los visitantes de Abrahán eran sólo hombres o ángeles, Dios no estaba con ellos.

La refutación: Según el Comentario Completo de la Biblia por Matthew Henry (*Matthew Henry's Complete Commentary on the Whole Bible*), Dios era uno de los visitantes que comió con Abrahán (Génesis 18:1-18).

La corrección: Dios es Auto-Suficiente y más allá de necesitar o querer cualquiera de las cosas que sostienen a un humano para vivir, como la comida. Aquí vemos que Dios corrige lo que fue escrito en Génesis declarando dentro del Corán:

"Di: ¿Tomaré como amigo a otro distinto de Alá,* creador de los cielos y de la tierra, Que alimenta sin ser alimentado?" (Corán 6:14)

*Alá = nombre de Dios en árabe. Todos parlantes del árabe, incluso los cristianos y judíos que hablan este idioma, usan esta palabra.

3. ¿Necesita Sueño?

Equivocación: "Mas de pronto despertóse el Señor como de un sueño, como un guerrero a quien rindiera el vino." (Salmo 78:65)

"Despierta; ¿por qué duermes, Señor?" (Salmos 44:23)

La excusa: Ninguno disponible.

La corrección: ¿Dónde estaríamos si Dios necesitaba dormir? Dios en el Corán se pinta en su verdadera luz cuando Él, El Omnipotente se está describiéndose declarando:

"Ni la somnolencia ni el sueño se apoderan de Él" (Corán 2:255)

4. ¿En la oscuridad o la Luz?

Equivocación: Dentro de la Biblia, hay una contradicción que declara que Dios reside en la oscuridad (1 Reyes 8:12) y entonces en otro verso, nosotros leímos que Dios reside en la luz inaccesible. (1 Timoteo 6:16)

La excusa: Son frases metafóricas y no se necesitan tomar literalmente.

La refutación: (Vea la contestación [H] en el Mapa de la Refutación) Dios está hablando con seres humanos, no criaturas nocturnas que perciben la luz u oscuridad diferentemente que los humanos. En la luz de la escritura que fue enviado a los humanos, nosotros tenemos que determinar que los versos sean interpretado literalmente, como las gente los entienden. Por ejemplo, si la Biblia hubiera sido enviado a la tierra para los murciélagos u otras criaturas nocturnas, entonces nosotros podemos interpretar que la luz significa la oscuridad. Ahora, éste no es el caso. La luz para nosotros los seres humanos debe ser y es lógicamente luz.

La corrección: En los versos siguientes, nosotros vemos cómo estando en la oscuridad no es un lugar dónde nosotros debemos estar, ni imaginar a nuestro Señor, Más Alto es:

"Ésos son los que han trocado la Dirección por el extravío. Por eso, su negocio no ha resultado lucrativo y no han sido bien dirigidos. Son como uno que alumbra un fuego. En cuanto éste ilumina lo que le rodea, Alá se les lleva la luz y les deja en tinieblas: no ven." (Corán 2:16-17)

"Alá es el Amigo de los que creen, les saca de las tinieblas a la luz. Los que no creen, en cambio, tienen como amigos a los tagutes,* que les sacan de la luz a las tinieblas. Ésos morarán en el Fuego eternamente." (Corán 2:257)

"¡Gente de la Escritura ! Nuestro Enviado ha venido a vosotros, aclarándoos mucho de lo que de la Escritura habíais ocultado y revocando mucho también. Os ha venido de Alá una Luz, una Escritura clara, por medio de la cual Alá dirige a quienes buscan satisfacerle por caminos de paz y les saca, con Su permiso, de las tinieblas a la luz, y les dirige a una vía recta." (Corán 5: 15-16)

Así, vemos que el camino a Alá (Dios) es el camino a la luz, y el camino lejano de Alá es el camino de la oscuridad. Este contraste clarifica que Dios mora en la luz en el Corán, diferente a la Biblia.

*Tagut = ídolos falsos o tiranos opresivos

5. ¿Hace Errores?

Equivocación: La Biblia muestra un modelo continuado de humanizar a Dios, declarando:

"Y vio el Señor que la malicia de los hombres era mucha sobre la tierra, y que todo el intento de los pensamientos del corazón de ellos ciertamente era malo todo el tiempo. Y se arrepintió el Señor de haber hecho hombre en la tierra, y le pesó en su corazón." (Génesis 6:6-7)

La excusa: Todos los humanos son pecadores; por consiguiente, Dios no está contento con su creación.

La refutación: Los apologéticos Bíblicos no sólo insultan a Dios exigiendo que Dios era ignorante hacia el estado futuro de los humanos, pero ellos también exigen que todos los humanos son pecadores, aunque la Biblia declara que algunos humanos eran perfectos. Nuestro Dios Omniscio sabe el futuro y no siente cualquier acción tomada o siente el remordimiento para Sus creaciones magníficas. No, Dios no comete errores. El Santo Corán corrige la noción que se concibió de la Biblia; implicando que nosotros como humanos éramos un error y no significamos ser creado. La verdad ha venido por Dios que claramente declaró en el Corán que nosotros merecemos estar vivos. Todas alabanzas sea para Dios.

La corrección: El Corán restaura el cumplimiento del destino con respecto a las creaciones de Dios declarando:

"Mi Señor no yerra, ni olvida" (Corán 20:52)

En conclusión, nosotros fuimos creados sin pesarle. Nosotros estamos aquí hoy porque Dios es compasivo hacia nosotros y no siente creándonos.

6. ¿Dios se puede ver?

Equivocación: Hay una diferencia en la Biblia sobre si Dios se ha visto o no. Los cristianos, basado en la asunción que Jesús es Dios, nos exigen que hemos visto a Dios en forma humana.

Además, la Biblia lista algunos Profetas que han visto a Dios ante que Jesús vino a la tierra:

"Después apartaré mi mano, y Verás mis espaldas. Pero mi rostro no será visto." (Éxodo 33:23)

"Entonces el Señor hablo con Moisés cara a cara, como habla un hombre con su amigo." (Éxodo 33:11)

"Porque vi a Dios cara a cara y Salí con vida." (Génesis 32:30)

Contra

Nadie ha visto Dios en ningún entonces (Éxodo 33:17, 20, Juan 1:18, 1 Timoteo 6:15-16)

La excusa: Las personas estaban viendo visiones, o sueños, o el Ángel del Señor (Números 22:22-26; Jueces 13:1-21) y no realmente a Dios propio

La refutación: Esos pasajes citados no dicen "una visión," "un sueño," o "el Ángel del Señor." Ellos dicen que las personas vieron a Dios (Éxodo 24:9-11), que Dios fue visto, y que Él aparecía como Dios (Éxodo 6:2-3).

La corrección: Algunos cristianos exigen que ellos necesitan ver a Jesús (en imágenes grabados como las cruces, pinturas, y estatuas), para creer y/o recordar que Dios existe. La contestación para esto es que toda la naturaleza es prueba que Dios existe.

Además, ¿cómo podemos resistir la vista magnífica de nuestro Dios que creó al sol y todas las otras estrellas en el Universo?

El Señor de los cielos y la tierra es demasiado brillante para nuestros ojos verlo en esta vida. Ni siquiera los Profetas lo han podido ver. Dios le dice a Moisés en este verso:

"Cuando Moisés acudió a Nuestro encuentro y su Señor le hubo hablado, dijo: «¡Señor! ¡Muéstrate a mí, que pueda mirarte!» Dijo: «¡No Me verás! ¡Mira, en cambio, la montaña! Si continúa firme en su sitio, entonces Me verás». Pero, cuando su Señor se manifestó a la montaña, la pulverizó y Moisés cayó al suelo fulminando. Cuando volvió en si dijo: «¡Gloria a Ti! Me arrepiento y soy el primero de los que creen»." (Corán 7:143)

Dios es Exaltado de aquéllos que hacen cuadros e ídolos y que declaran que son Dios, cuando ellos están describiendo falsamente a quién nosotros no podemos ver:

"¡Gloria al Señor de los cielos y de la tierra. Señor del Trono! ¡Está por encima de lo que Le atribuyen!" (Corán 43:82)

"Quienes hayan tenido miedo a su Señor en secreto tendrán perdón y una gran recompensa." (Corán 67:12)

Nosotros entendemos que nosotros humanos no podemos ver al Creador del Universo.

7. ¿Dios se recuerda de todo?

Equivocación: La Biblia demuestra que Dios se olvida:

"¿Por qué nos olvida para siempre, por qué nos desampara?" (Lamentaciones 5:20)

"¿Cuánto tiempo me olvidará, O Señor." (Salmos 13:1)

La excusa: Ninguno disponible.

La corrección: El Corán nos explica que Dios se recuerda de todo:

"(Los ángeles dicen): «No descendemos sino por orden de tu Señor. Suyo es el pasado, el futuro y el presente. Tu Señor no es olvidadizo» ." (Corán 19:64)

"Mi Señor no yerra, ni olvida." (Corán 20:52)

8. ¿Dios es débil cuando lucha?

Equivocación: En la Biblia, Dios no se describe ser el Más Poderoso. En cambio, Dios se describe ser débil e impotente.

En Génesis 32:24-30, Dios se caracteriza como luchando con Jacob la noche entera, mientras perdiendo la lucha:

"Y se quedó Jacob solo, y luchó con él un varón, hasta que el alba subía. Y cuando el varón vio que no podía con él, tocó la palma de su anca, la palma del anca de Jacob se descoyuntó luchando con él. Y dijo: Déjame, que el alba sube. Y él dijo: No te dejaré, si no me bendices. Y él le dijo: ¿Cómo es tu nombre? Y él respondió: Jacob. Y él dijo: No se dirá más tu nombre Jacob, sino Israel; porque has peleado con Dios y con los hombres, y has vencido. Entonces Jacob le preguntó, y dijo: Declárame ahora tu nombre. Y él respondió: ¿Por qué preguntas por mi nombre? Y lo bendijo allí. Y llamó Jacob el nombre de aquel lugar Peniel; porque vi a Dios cara a cara, y fue librada mi alma." (Génesis 32:24-30)

La excusa: El Comentario Bíblico de Jamieson, Fausset y Brown (*Jamieson, Fausset, Brown Bible Commentary*) hace la excusa que Jacob vio una oportunidad de apretarle a Dios una bendición y se aprovechó de la vulnerabilidad de Dios:

"Es evidente que Jacob estaba consciente del carácter de Él con quien él luchó; y, creyendo que Su poder, aunque mucho más superior al humano, estaba todavía limitado por Su promesa de hacerle bien, él determinó no perder la oportunidad clave de afianzar una bendición. Y nada le da el placer mayor a Dios que ver los corazones de Su gente adherir firmemente a Él." (el *Comentario de JFB al Génesis 32:26*)

La refutación: Esto confirma la humanización de Dios en la Biblia.

La corrección: Dios es Omnipotente y no puede ser vencido por ningún humano. La verdadera naturaleza de Dios se describe en el Corán:

"Es Él Quien inicia la creación y, luego, la repite. Es cosa fácil para Él. Representa el ideal supremo en los cielos y en la tierra. Es el Poderoso, el Sabio." (Corán 30:27)

"¿No has visto que Alá ha creado con un fin los cielos y la tierra? Si Él quisiera, os haría desaparecer y os sustituiría por criaturas nuevas." (Corán 14:19)

Dentro de estos versos del Corán, encontramos los atributos corregidos de Dios. Si Dios hubiera querido, Él podría eliminar a Jacob, y Él podría eliminar a todas las personas. Así, Dios en el Corán no pierde contra los humanos.

9. ¿Moviendo hierro?

Equivocación: Dios no puede mover hierro:

"Y el Señor estaba con Judah; y él manejó afuera los habitantes de la montaña; pero no podría manejar afuera los habitantes del valle, porque ellos tenían carros de hierro." (Jueces 1:19)

La excusa: Dios no quiso mover el hierro porque el ejército de Judah era desobediente.

La refutación: Los sabios bíblicos se contradicen diciendo que la promesa a Judah era condicional; de acuerdo, Dios no movió el hierro determinadamente (aunque ninguna indirecta se menciona en el pasaje). Mientras que en otras excusas, la promesa a Judah no tienes condiciones; Jueces 1:19 claramente dice que Dios ayudo el ejército de Judah y manejo afuera los habitantes de las montañas. Pues no había ninguna animosidad entre Dios y el ejército de Judah, invalidando esta excusa.

La corrección: Nada en la creación de Dios es demasiado poderoso para Dios destruir:

"El día que pongamos en marcha las montañas, veas la tierra allanada, congreguemos a todos sin excepción." (Corán 18:47)

"Te preguntarán por las montañas. Di: «Señor las reducirá a polvo y aventará." (Corán 20:105)

10. ¿La reputación de Dios?

Equivocación: La Biblia describe a Dios como un humano dudoso con miedo sobre los qué otros humanos puedan pensar con respecto a las acciones tomadas para cumplir la Ley. Aunque las leyes se brocharon, la Biblia muestra que Dios resiste evocando la justicia Él tiene miedo que reputación de Dios se va a empañar:

"Pero ellos se rebelaron contra mí y no me escuchaban; ellos no se liberaron de las imágenes viles que ellos habían puesto sus ojos, ni desampararon los ídolos de Egipto. Así que yo dije que yo vertería mi ira a ellos y gastaría mi enojo contra ellos en Egipto. Pero por causa de mi nombre yo hice lo que pude para mantener alejado de profanarse en los ojos de las naciones donde ellos vivieron y en cuyo me había revelado a los Israelitas sacándolos de Egipto. Por consiguiente yo los llevé afuera de Egipto y los traje al desierto." (Ezequiel 20:8-10)

La excusa: Ninguno disponible.

La corrección: La Biblia enseña un Dios aprensivo de ser profanado por los Israelitas. El Corán trae una luz más clara mostrando un Dios seguro y consistentemente justo.

"Hay hombres que, fuera de Alá, toman a otros que equiparan a Él y les aman como se ama a Alá. Pero los creyentes aman a Alá con un amor más fuerte. Si vieran los impíos, cuando vean el castigo, que la fuerza es toda de Alá y que Alá castiga severamente..." (Corán 2:165)

11. *Buscando a Adán*

Equivocación: Dios no ve todo y no es omnipresente (Génesis 3:8-10).

La excusa: Dios se volvió una manifestación visible, consiguiente no pudo más estar en todas partes.

La refutación: Esto es algo que la mayoría de cristianos no comprenden; Dios quiere decir Dios. Dios es El Sabio, El Todo Oyente y El que ve todo. Dios puede y sabe todo, en todos los lados y en todos tiempos. ¿Suena imposible? Por eso lo llamamos Dios.

La corrección: Dios siempre esta consciente de lo que está oculto y visto dentro de los cielos y la tierra. Dios ve nuestras vidas antes de nosotros y Dios ve nuestros pensamientos internos antes que nosotros los pensamos. ¿Cómo puede ser que Dios no ve todo?

"¿No ves que Alá conoce lo que está en los cielos y en la tierra? No hay conciliábulo de tres personas en que no sea Él el cuarto, ni de cinco personas en que no sea Él el sexto. Lo mismo si son menos que si son más, Él siempre está presente, dondequiera que se encuentren. Luego, el día de la Resurrección, ya les informará de lo que hicieron. Alá es omnisciente." (Corán 58:7)

12. *¿El Señor de la Tierra?*

Equivocación: Dios es el Señor de la tierra (Salmos 24:1, 1 Corintios 10:26) *contra* la tierra es el reino del diablo (Juan 12:31, 2 Corintios 4:4)

La excusa: Ninguno disponible.

La corrección: Dios es el Gobernante de la tierra y el cielo y Dios no permite al diablo vagar, tentando al hombre sin el decreto de Dios.

"El dominio de los cielos y la tierra pertenece a Alá. Alá es omnipotente. En la creación de los cielos y de la tierra y en la sucesión de la noche y el día hay, ciertamente, signos para los dotados de intelecto." (Corán 3:189-190)

13. ¿Dios esta cerca?

Equivocación: Dios siempre está cercano (Salmos 46:1, 145:14, 18-19, James 4:8) *contra* Dios está lejano (1 Samuel 28:6, Salmos 10:1, 22:1-2, Mateo 27:46)

La excusa: Ninguno disponible.

La corrección: "Sí, hemos creado al hombre. Sabemos lo que su mente le sugiere. Estamos más cerca de él que su misma vena yugular." (Corán 50:16)

14. ¿Sentado o parado?

Equivocación: Dios se sienta para juzgar a las personas (Joel 3:12) *contra* Dios esta parado cuando juzga a las personas (Isaías 3:13).

La excusa: Dios se sienta para escuchar a cada caso y entonces se para cuando va hacer el Juicio.

La refutación: La Biblia no dice, "Después de oír los casos, Dios se pone de pie en el Trono para juzgar."

Además, es improbable decir que Dios se sienta y se para mil millones de veces para los mil millones de humanos; ni siquiera los jueces humanos se sientan y se ponen de pie durante los casos de la corte. Isaías 3:13 sugiere que Dios esta erecto consistentemente mientras que los apologéticos bíblicos les gustaría que pensáramos que Dios realiza los aeróbicos biónicos en el Día del Juicio. Por último, Dios es superior a todos los humanos, consiguientemente no hay ninguna necesidad de estar de pie.

La corrección: "Vuestro Señor es Alá, Que ha creado los cielos y la tierra en seis periodos. Luego, se ha instalado en el Trono.(de autoridad)." (Corán 7:54)

"Verás a los ángeles, yendo alrededor del Trono, celebrando las alabanzas de su Señor. Se decidirá entre ellos según justicia y se dirá: «¡Alabado sea Alá, Señor del universo!»" (Corán 39:75)

"Su Trono se extiende sobre los cielos y sobre la tierra y su conservación no le resulta onerosa. Él es el Altísimo, el Grandioso." (Corán 2:255)

Así que, el Trono de Dios esta sobre todo, mientras mostrando que Dios no tiene que estar parado para juzgar.

15. *Castigo colectivo*

Equivocación: Dios no castiga a los niños por los pecados de los padres (Ezequiel 18:20) *contra* "visito la maldad de los padres sobre los hijos, hasta la tercera y cuarta generación." (Éxodo 20:5)

La excusa: La culpa no se pasa adelante pero las consecuencias sí son.

La refutación: En primer lugar Ezequiel 18:20 no hace diferencia entre culpa o consecuencia, sólo entre la falta de equidad y la rectitud. Segundo, la culpa en muchos casos es tan malo como las consecuencias o más peor. Por ejemplo, en el cuento del escritor americano Edgar Allen Poe "El Cuento del Corazón Dice" (*The Tell Tale Heart*). Tercero, muchos otros versos de la Biblia no diferencian con el aspecto del pecado: Jeremías 31:30, Salmos 49:7, Deuteronomio 24:16.

La corrección: Dios sólo castiga aquéllos que son transgresores e incrédulos. Al contrario con la Biblia, Dios no castiga colectivamente en el Corán.

"Quien sigue la vía recta la sigue, en realidad, en provecho propio, y quien se extravía, se extravía, en realidad, en detrimento propio. Nadie cargará con la carga ajena. Nunca hemos castigado sin haber mandado antes a un enviado." (Corán 17:15)

16. *¿Destruyendo el mundo de nuevo?*

Equivocación: "...No volveré más a maldecir la tierra por causa del hombre; porque el intento del corazón del hombre es malo desde su niñez; ni volveré más a herir toda cosa viva, como he hecho" (Génesis 8:21) *contra* "los cielos con espantoso estruendo pasarán, los elementos con el ardor se disolverán, y la tierra y las obras que haya en ella serán abrasadas." (2 Pedro 3:10)

La excusa: Los apologéticos bíblicos tratan de exigir que lo que Dios quiso decir era que el mismo método del diluvio no se usaría de nuevo; "como he hecho."

La refutación: Lo que la oración realmente lee es "ni volveré más a herir toda cosa viva, como he hecho;" no como yo he hecho con el agua o yo mataré con violencia todos vivientes de una manera diferente la próxima vez. En una interpretación lógica sin hacer inserciones falsas, este pasaje dice, "yo maté todos antes y yo no lo haré de nuevo." "Como he hecho" es una confesión, no una omisión de tácticas genocida durante la próxima vez presunta.

La corrección: Primeramente, nunca habido una destrucción total de todas las personas según el Corán. Dios no destruye a las personas inocentes y salvará aquéllos quienes Él quiere.

La opción está abierta para Dios destruir a los pecadores:

"¿No has visto que Alá ha creado con un fin los cielos y la tierra? Si Él quisiera, os haría desaparecer y os sustituiría por criaturas nuevas." (Corán 14:19)

Por consiguiente, Dios en el Corán no hace ninguna promesa contradictoria como en la Biblia. El Corán da una opción abierta para nuestro Dios Justo para hacer como Él quiera.

17. *Vanidad*

Equivocación: "Hagamos al hombre a nuestra imagen" (Génesis 1:26)

La excusa: Ninguno disponible

La corrección: Ciertamente, las creaciones no pueden ser como el Creador y el Creador no puede ser como Sus creaciones. Exaltado es Dios, muy diferente de las creaciones del cielo y la tierra. Como dice el Corán: "«¡Él es Alá, Uno; No tiene par»!" (Corán 112:1,4)

18. *¿Misericordioso?*

Equivocación: Dios en la Biblia pide a sus seguidores en una batalla matar cada cosa viviente incluyendo las mujeres, niños, y animales demostrando un castigo colectivo, sin misericordia, desproporcionado.

"Esto dice el Señor de los ejércitos: Tengo bien presente todo cuanto Amalec hizo contra Israel y cómo se le opuso en el camino cuando subía de Egipto. Ve, pues, ahora y destroza a Amalec y ofrece al anatema cuanto tiene: no le perdones, ni codicies nada de sus bienes, sino mátalo todo, hombres y mujeres, muchachos y niños de pecho, bueyes y ovejas, camellos y asnos." (1 Samuel 15:2–3)

La excusa: Ninguno disponible.

La corrección: Dios pide a los musulmanes en el Corán tener paciencia contra aquéllos que lo atacan, y si los ataques persisten, nosotros sólo podemos desquitarlos con la misma cantidad de fuerza con que nos atacaron y para nunca ir más allá de la cantidad del ataque nosotros recibimos:

"Si castigáis, castigad de la misma manera que se os ha castigado. Pero, si tenéis paciencia, es mejor para vosotros." (Corán 16:126)

19. *Propuesta indecente*

Equivocación: Dios le ordena a Isaías que vaya desnudo por tres años (Isaías 20:1-3, Amos 2:16).

La excusa: Ninguno disponible.

La corrección: Dios no ordena nada vergonzoso:

"Cuando cometen algo vergonzoso, dicen: «Encontramos a nuestros padres haciendo lo mismo y Alá nos lo ha ordenado». Di: «Ciertamente, Alá no ordena la deshonestidad. ¿Decís contra Alá lo que no sabéis?»" (Corán 7:28)

(II.) Los Profetas

Los mejores de la humanidad lleno del mensaje y poder de Dios.
Nuestros Mensajeros son ejemplos de rectitud.

20. ¿*Moisés fue matado debido a*l pecado?

Equivocación: Todas las tres religiones monoteístas veneran a Moisés
como un profeta virtuoso. Los seguidores del judaísmo incluso veneran
a Moisés como el profeta más grande de Israel y los cristianos comparan
a Moisés con Jesús. Igualmente, los musulmanes profesan que Mohamet
(la paz esté con él) es el Profeta predicho en Deuteronomio 18:18
"similar a Moisés."

Pero, los informes de la Biblia dicen que Moisés fue dado una muerte
humillante por Dios. Deuteronomio 32:51 dice que Moisés "rompió fe"
con Dios:

"Y habló el Señor a Moisés aquel mismo día, diciendo: Sube a este
monte de Abarim, al monte Nebo, que está en la tierra de Moab, que está
en derecho de Jericó, y mira la tierra de Canaán, que yo doy por heredad
a los hijos de Israel; Y muere en el monte al cual subes, y sé reunido a
tus pueblos; de la manera que murió Aarón tu hermano en el monte de
Hor, y fue reunido a sus pueblos; por cuanto prevaricasteis contra mí en
medio de los hijos de Israel en las aguas de Meriba de Cades, en el
desierto de Zin; porque no me santificasteis en medio de los hijos de
Israel. Verás, por tanto, delante de ti la tierra; mas no entrarás allá, a la
tierra que doy a los hijos de Israel." (Deuteronomio 32:48-52)

La Biblia delinea una muerte atormentado a un Profeta que consagró su
vida a Dios. El profeta Moisés podría heredar el trono del Faraón; pero
en cambio, Moisés rechazó las riquezas y placeres del Faraón para Dios.
Moisés puso su vida en peligro luchando con el ejército del Faraón;
teniendo fe en todo momento que Dios lo protegería. Moisés también
gastó décadas intentando llevar los Israelitas rebelde a través del desierto
abrasador.

¿Creen los escritores de la Biblia que Dios realmente enviaría su ira a
Moisés por su opción de ir de un heredero adinerado del Faraón a un
profeta humilde, matándolo? Lo que también es cruel sobre la muerte de
Moisés es que le recordaron sus dos amores antes del asesinato, Moisés
fue recordado de la muerte de su hermano Aarón, y de la tierra – Moisés
nunca entra a Israel.

La excusa: Comentaristas de la Biblia intentan justificar la muerte de Moisés con los puntos siguientes; (1) Moisés golpea la piedra en lugar de hablándole. (2) Hablándole a las personas en lugar de hablarle a la piedra. (3) Hablándole severamente a las personas y llamándolos "rebeldes." (4) Tomando el crédito para el acto en lugar de dándole el crédito a Dios, "debemos nosotros sacar el agua para ustedes de esta piedra" (Números 20:10).

La refutación: El pasaje en la Biblia mandando a Moisés hablar con la piedra contradice los versos más tempranos en la Biblia:

"He aquí que yo estoy delante de ti allí sobre la peña en Horeb; y herirás la peña, y saldrán de ella aguas, y beberá el pueblo. Y Moisés lo hizo así en presencia de los ancianos de Israel." (Éxodo 17:6)

Pues, Moisés tiene una historia de golpear la piedra y por consiguiente él se mató según la Biblia por obedecer lo que Dios le dijo que hiciera.

La corrección: El Corán Sagrado guarda la integridad de Moisés y no afirma su asesinato. El Corán honra a Moisés hasta el fin, y no le da el asesinato horrible como hace la Biblia:

"Los dividimos en doce tribus, como comunidades. Cuando el pueblo pidió agua a Moisés, inspiramos a éste «¡Golpea la roca con tu vara!» Y brotaron de ella doce manantiales. Todos sabían de cuál debían beber. Hicimos que se les nublara y les enviamos de lo alto el maná y las codornices: «¡Comed de las cosas buenas de que os hemos proveído.» Y no fueron injustos con Nosotros, sino que lo fueron consigo mismos." (Corán 7:160)

"Y cuando Moisés pidió agua para su pueblo. Dijimos: «¡Golpea la roca con tu vara!» Y brotaron de ella doce manantiales. Todos sabían de cuál debían beber. «¡Comed y bebed del sustento de Alá y no obréis mal en la tierra corrompiendo!»" (Corán 2:60)

Aquí el Corán dice que Moisés era fiel y siguió las direcciones; las direcciones verdaderas y lógicas para extraer el agua de la piedra eran de pegar la piedra, no "hablarle" a la piedra para hacerle chorrear el agua.

En conclusión, Moisés ha golpeado la piedra de forma consistente para conseguir el agua en el pasado. Moisés ha obedecido Dios de forma consistente en el pasado. El asesinato cruel y angustiado por no hablarle a una piedra es incoherente con las leyes de Dios misericordiosa, lógica, y de protección de sus Profetas.

El Corán resuelve la inconsistencia en la Biblia. Moisés nunca se dijo a "háblale a la piedra." En cambio, Moisés sólo fue dicho golpear la piedra como pedido en el pasado. Moisés también obedece Dios haciendo el agua salvadora a la vida en el desierto para los Israelitas. Por consiguiente, Dios premia a Moisés y su honor se salva en el Corán.

21. ¿Se rindió Aarón al culto de los ídolos?

Equivocación: En la versión Bíblica, casi todos los profetas parecen comprometer los pecados mayores en la fe y el lugar moral. Dentro de la Biblia, algunos de los hechos vergonzosos atribuidos a los profetas incluyen Aarón rindiéndose al culto de ídolos:

"Y Aarón les dijo: Apartad los zarcillos de oro que están en las orejas de vuestras mujeres, y de vuestros hijos, y de vuestras hijas, y traédmelos. Entonces todo el pueblo apartó los zarcillos de oro que tenían en sus orejas, y los trajeron a Aarón, el cual los tomó de las manos de ellos, y lo formó con buril, e hizo de ello un becerro de fundición. Entonces dijeron: Israel, estos son tus dioses, que te sacaron de la tierra de Egipto." (Éxodo. 32:2)

La excusa: Ninguno disponible.

La corrección: El concepto Bíblico de la profecía también es sumamente diferente de lo presentado en el Corán. El Corán pinta a los profetas como el modelo mejor de piedad y la verticalidad moral. El Corán refuta esta demanda contra Aarón:

"(Alá) Dijo: «Hemos probado a tu pueblo después de irte, y el samaritano les ha extraviado». Y Moisés regresó a su pueblo, airado, dolido. Dijo: «¡Pueblo! ¿No os había prometido vuestro Señor algo bello? ¿Es que la alianza os ha resultado demasiado larga o habéis querido que vuestro Señor se aíre con vosotros al faltar a lo que me habéis prometido?»

"Dijeron: «No hemos faltado por propio impulso a lo que te habíamos prometido, sino que se nos obligó a cargar con las joyas del pueblo y las hemos arrojado. Y lo mismo hizo el samaritano.»

"Éste les sacó un ternero, un cuerpo que mugía, y dijeron: «Este es vuestro dios y el dios de Moisés. Pero ha olvidado». ¿Es que no veían que no les daba ninguna contestación y no podía ni dañarles ni aprovecharles?"

"Ya antes les había dicho Aarón: «¡Pueblo! Sólo se os ha tentado con él. Vuestro Señor es el Compasivo. ¡Seguidme, pues, y obedeced mis órdenes!» Dijeron: «No dejaremos de entregarnos a su culto hasta que Moisés haya regresado». Dijo: «¡Aarón! Cuando has visto que se extraviaban, ¿qué es lo que te ha impedido seguirme? ¿Has desobedecido mis órdenes?»"

"(Aarón) Dijo: «¡Hijo de mi madre! ¡No me cojas por la barba ni por la cabeza! Tenía miedo de que dijeras: Has escindido a los Hijos de Israel y no has observado mi palabra.»" (Corán 20:85-94)

El Corán aclara a Aarón de participar en la fabricación y rindiéndose al culto del ternero dorado como la Biblia dice. El Corán ilumina el hecho que Aarón simplemente no era tan fuerte como Moisés, siendo el hermano más joven y más débil que Moisés; Aarón no podría controlar los Israelitas como Moisés pudo, a pesar de las súplicas por Aarón para el pueblo de Israel para detenerse.

"Antes de ti no mandamos a ningún enviado que no le reveláramos: «¡No hay más dios que Yo! ¡Servidme, pues!» Y dicen: «El Compasivo ha adoptado hijos». ¡Gloria a Él! Son, nada más, siervos honrados. Dejan que sea Él el primero en hablar y obran siguiendo Sus órdenes." (Corán 21:25-27)

22. *El profeta David*

Equivocación: Según la Biblia, David es un atisbador y cometió adulterio con Betsabé, la esposa de Uría, y planeo para que Uría fuera matado (2 Samuel 11:2-15).

"Y acaeció que levantándose David de su cama a la hora de la tarde, se paseaba por el terrado de la casa real, cuando vio desde el terrado una mujer que se estaba bañando, la cual era muy hermosa. Y envió David a preguntar por aquella mujer, y le dijeron: Aquella es Betsabé hija de Eliam, mujer de Urías heteo. Y envió David mensajeros, y la tomó; y así que hubo entrado a él, él durmió con ella. Luego ella se purificó de su inmundicia, y se volvió a su casa. Y concibió la mujer, y envió a hacerlo saber a David, diciendo: Yo estoy embarazada. Entonces David envió a decir a Joab: Envíame a Urías heteo. Y Joab envió Urías a David. Y cuando Urías vino a él, David le preguntó por la salud de Joab, y por la salud del pueblo, y asimismo de la guerra. Después dijo David a Urías: Desciende a tu casa, y lava tus pies. Y saliendo Urías de casa del rey, le fue enviada comida real. Mas Urías durmió a la puerta de la casa del rey con todos los siervos de su señor, y no descendió a su casa. E hicieron saber esto a David, diciendo: Urías no ha descendido a su casa. Y dijo David a Urías: ¿No has venido de camino? ¿Por qué, pues, no descendiste a tu casa? Y Urías respondió a David: El arca, e Israel y Judá, están debajo de tiendas; y mi señor Joab, y los siervos de mi señor sobre la faz del campo; ¿y había yo de entrar en mi casa para comer y beber, y a dormir con mi mujer? Por vida tuya, y por vida de tu alma, que yo no haré tal cosa. Y David dijo a Urías: Estáte aquí aún hoy, y mañana te despacharé. Y se quedó Urías en Jerusalén aquel día y el siguiente. Y David lo convidó, y le hizo comer y beber delante de sí, hasta embriagarlo. Y él salió a la tarde a dormir en su cama con los siervos de su señor; mas no descendió a su casa. Venida la mañana, escribió David a Joab una carta, la cual envió por mano de Urías. Y escribió en la carta, diciendo: Poned a Urías delante de la fuerza de la batalla, y desamparadle, para que sea herido y muera."

La excusa: Ninguno disponible.

La corrección: El inspirado Profeta David, quién se confió con la Escritura Santa, se envió a la tierra para ser una guía a los seres humanos y no desplegar deseos vanos como la Biblia lo pinta:

"Te hemos hecho una revelación, como hicimos una revelación a Noé y a los profetas que le siguieron. Hicimos una revelación a Abrahán, Ismael, Isaac, Jacob, y las tribus, Jesús, Job, Jonás, Aarón y Salomón. Y dimos a David los Salmos." (Corán 4:163)

"Le regalamos a Isaac y a Jacob. Dirigimos a los dos. A Noé ya le habíamos dirigido antes y, de sus descendientes, a David, a Salomón, a Job, a José, a Moisés y a Aarón. Así retribuimos a quienes hacen el bien. Y a Zacarías, a Juan, a Jesús y a Elías, todos ellos de los justos." (Corán 6:84-85)

23. *La maldición de Jesús*

Equivocación: Cualquiera que llama otro un tonto es expuesto al Infierno (Mateo 5:22) *contra* Jesús dice que cualquiera que oye sus palabras y no los hace es un tonto (Mateo 7:26).

En Mateo 23:17-19, Jesús dos veces llama a los Fariseos necios ciegos.

En Mateo 25:2-3, 8, Jesús compara a las doncellas que no tomaron el aceite a necios. (Nota: ésta es la misma palabra griega traducida como "necio" en Mateo 5:22 y Mateo 23:17-19).

Las Biblias modernas comprometen un esfuerzo ímprobo en Mateo 7:26 para aliviar la inconsistencia obvia. Los manuscritos griegos más viejos usan la misma palabra griega traducida como "necio" en Mateo 5:22 y "como un hombre tonto" en Mateo 7:26.

La excusa: Eso es lo que dice pero eso no es lo que significa.

La refutación: (Vea la carta de Contestación [E] en el Mapa de la Refutación) La palabra "necio" no tiene ningún significado dual. Si la frase se dice enojadamente o suavemente, (qué Jesús dijo en ambos tonos), la palabra todavía tiene el mismo significado.

La corrección: Dios le dio sabiduría, entre otros atributos altos a Jesús, para guiar a la gente al camino recto. Si las personas creyeron prontamente en la verdad o todavía eran incrédulos, Jesús era libre de los que se burlan de otros.

El Corán clarifica que Jesús era derecho, honrado, y hablo sobre las noticias buenas de Alá, no la profanidad:

"He venido a vosotros con la Sabiduría y para aclararos algo de aquello en que discrepáis. ¡Temed, pues, a Alá y obedecedme!" (Corán 43:63)

"Tras ellos, mandamos a Nuestros otros enviados, así como Jesús, hijo de María, a quien dimos el Evangelio. Pusimos en los corazones de quienes le siguieron mansedumbre, misericordia y monacato. Este último fue instaurado por ellos -no se lo prescribimos Nosotros- sólo por deseo de satisfacer a Alá, pero no lo observaron como debían. Remuneramos a quienes de ellos creyeron, pero muchos de ellos fueron unos perversos." (Corán 57:27)

"¡Creyentes! Sed los auxiliares de Alá como cuando Jesús, hijo de María, dijo a los apóstoles: «¿Quiénes son mis auxiliares en la vía que lleva a Alá?» Los apóstoles dijeron: «Nosotros somos los auxiliares de Alá». De los hijos de Israel unos creyeron y otros no. Fortalecimos contra sus enemigos a los que creyeron y salieron vencedores." (Corán 61:14)

24. ¿El Crimen de Cain?

Equivocación: Según la Biblia, Caín cometió un asesinato contra su hermano Abel y no se castigó por él (Génesis 4:12-16).

La excusa: Dios no había establecido la pena capital todavía

La refutación: El problema con esta excusa es que la Biblia no especifica "Usted no matará" hasta Éxodo 20:13. Los lectores son confusos acerca de por qué Caín se libró.

La corrección: El Corán clarifica por qué y cuando la Ley de "Usted no Matará" se dio mientras la Biblia deja a los lectores que presumen la ley ya fue conocido, y con esto la asunción que Caín se escapa con hacer el asesinato:

"¡Y cuéntales la historia auténtica de los dos hijos de Adán, cuando ofrecieron una oblación y se le aceptó a uno, pero al otro no! Dijo: «¡He de matarte!». Dijo: «Alá sólo acepta de los que Le temen." (Corán 5:27)

"Y si tú pones la mano en mí para matarme, yo no voy a ponerla en ti para matarte, porque temo a Alá, Señor del universo." (Corán 5:28)

"Quiero que cargues con tu pecado contra mí y otros pecados y seas así de los moradores del Fuego. Ésa es la retribución de los impíos." (Corán 5:29)

"Entonces, su alma le instigó a que matara a su hermano y le mató, pasando a ser de los que pierden." (Corán 5:30)

"Alá envió un cuervo, que escarbó la tierra para mostrarle cómo esconder el cadáver de su hermano. Dijo: «¡Ay de mí! ¿Es que no soy capaz de imitar a este cuervo y esconder el cadáver de mi hermano?» Y pasó a ser de los arrepentidos." (Corán 5:31)

"Por esta razón, prescribimos a los Hijos de Israel que quien matara a una persona que no hubiera matado a nadie ni corrompido en la tierra, fuera como si hubiera matado a toda la humanidad. Y que quien salvara una vida, fuera como si hubiera salvado las vidas de toda la humanidad. Nuestros enviados vinieron a ellos con las pruebas claras, pero, a pesar de ellas, muchos cometieron excesos en la tierra." (Corán 5:32)

25. ¿Donde estaba Moisés?

Equivocación: Moisés fue llamado por Dios en Egipto (Éxodo 3:10) *Contra* Moisés fue llamado por Dios en Midian (Éxodo 6:10; también en Éxodo 4:19)

La excusa: Éxodo 6 era una reconfirmación de la llamada por Dios a Moisés porque Moisés era la primera vez renuente.

La refutación: Moisés era un Profeta fiel y leal que obedeció a Dios desde el momento que él fue comisionado por Dios. Además, Éxodo 6 no indica ser en absoluto una reconfirmación o un recordatorio.

La corrección: El Corán corrige el guión del Profeta olvidado y pesaroso pintado en la Biblia describiendo que Moisés ya había dejado Egipto, cuando él se llamó por Dios para regresar a la tierra del Faraón. Moisés no estaba en Egipto cuando Dios lo llamó. Moisés fue cargado con un crimen en Egipto y se quedó fuera de Egipto para evitar la persecución.

"Me acusan de un crimen y temo que me maten." (Corán 26:14)

Entonces después que Dios bendijo a Moisés, Moisés devolvió a la tierra de Faraón:

"Tuve miedo de vosotros y me escapé. Mi Señor me ha regalado juicio y ha hecho de mí uno de los enviados." (Corán 26:21)

26. ¿Profeta o Espíritu?

Equivocación; Hay confusión en la Biblia con respecto al criterio de Jesús:

"Aún tengo muchas cosas que deciros, mas ahora no las podéis llevar. Pero cuando viniere aquel Espíritu de Verdad, él os guiará a toda la verdad; porque no hablará de sí mismo, sino que hablará todo lo que oyere, y os hará saber las cosas que han de venir." (Juan 16:12-13)

Mientras Jesús está hablando claramente de una persona, cristianos exigen que Jesús está prediciendo el Espíritu Santo.

Muchos ven Juan 16:12-13 como uno de las muchas predicciones del Profeta Mohamet (paz esté con él) y la predicción del Corán Sagrado como esta investigación hace evidente.

La excusa: Eso es lo que dice pero eso no es lo que significa. Ésta es una predicción sobre el Espíritu Santo, no Mohamet (paz esté sobre él).

La refutación: (Vea la carta de la Contestación [E] en el Mapa de la Refutación). Primeramente, los creyentes en la trinidad creen que el Espíritu Santo, Dios, y Jesús son todos una entidad mientras que Jesús estaba hablando obviamente de alguien que no era él en Juan 16:12-13. Jesús habla de él mismo en el verso 12 diciendo "yo tengo." Entonces el cambio de los pronombres personales "yo" a "él", en vez de mantener un pronombre personal constante de "yo." Jesús no dice; "yo vendré a terminar hablando después."

Secundariamente, nosotros sabemos que el Espíritu Santo y Jesús no son los mismo debido a Mateo 12:31:

"Por tanto os digo: Todo pecado y blasfemia será perdonado a los hombres; mas la blasfemia contra el Espíritu no será perdonada a los hombres."

Además, después que el ladrón al lado de Jesús en la cruz se mofó y injurió (Mark 15:32), Jesús perdonó a uno y le dijo usted irá al Cielo (Lucas 23:43).

Tercero, Jesús, admite que él tiene nada más para decir; Jesús dice que todo lo que su Creador quiso que él dijera ya fue dicho:

"porque todas las cosas que oí de mi Padre, os las he hecho notorias." (Juan 15:15)

Esto confirma que otro individuo que no es Jesús dirá más cosas. Sería un síntoma de esquizofrenia para alguien decir; "yo dije todo lo que me dijeron, y yo vendré a decir más de mí y yo me glorificaré y yo no diré nada de mi propio testamento de otra manera que lo que yo me dije solo."

Uno tiene la opción libre de seguir la creencia de la trinidad perpleja o uno puede creer que Juan 16:12-13 era la predicción lógica del Profeta Mohamet (paz esté con él) porque nuestro Dios misericordioso no nos dejaría durante encima de 2,000 años sin otra guía.

La corrección: Dios en el Corán confirma que Juan 16:12-13 estaba prediciendo a Mohamet (paz esté sobre él):

"... a quien ven mencionado en sus textos: en la Torá y en el Evangelio, que les ordena lo que está bien y les prohíbe lo que está mal, les declara lícitas las cosas buenas e ilícitas las impuras..." (Corán 7:157)

De hecho, nosotros encontramos que éste es la descripción exacta del Profeta Mohamet, predijo en la Biblia, y corrigiendo el mal, y quitando las maldiciones dietéticas anteriores mientras manteniendo las prohibiciones en lo detestable y sucio como el cerdo.

27. *El que recita*

Equivocación; Hay un vacío de dos mil años en la Biblia con respecto a un profeta esperado. La profecía es de un hombre analfabeto quien recibe una escritura divina:

"Y si se diere el libro al que no sabe leer, y le diga: Lee ahora esto; él dirá, No sé leer." (Isaías 29:12)

Muchos ven Isaías 29:12 como una de las muchas predicciones del Profeta Mohamet (paz esté con él) y (la predicción) del Corán Sagrado como esta investigación hace evidente.

La excusa: Usted tiene que entender el contexto del verso.

La refutación: (Vea la carta de la Contestación [C] en el Mapa de la Refutación). El contexto aquí está hablando de varias predicciones sin una sola materia coherente.

La corrección: El Corán Santo llena el vacío dentro de la Biblia verificando que el Profeta Mohamet (paz esté con él) era el que fue predicho y que recitará el Libro Santo:

"A quienes sigan al Enviado, el Profeta de los gentiles, a quien ven mencionado en sus textos: en la Torá y en el Evangelio, que les ordena lo que está bien y les prohíbe lo que está mal, les declara lícitas las cosas buenas e ilícitas las impuras, y les libera de sus cargas y de las cadenas que sobre ellos pesaban. Los que crean en él, le sostengan y auxilien, los que sigan la Luz enviada abajo con él, ésos prosperarán." (Corán 7:157)

Así que, el Corán confirma que el profeta analfabeto predicho en la Biblia era de hecho Mohamet (paz esté con él). La predicción estupendamente precisa se percibe más allá en el Hadíz siguiente:

"El ángel vino a él y le pidió que leyera. El Profeta contestó, "yo no sé leer." (Hadíz Sahih Bukhari 1:1:003)

En conclusión, es evidente que el Corán llena el vacío de la Biblia, completando las predicciones anteriores.

(III.) La ciencia

28. La Biblia, el Corán, y la Evolución

Equivocación: Dios creó toda la vida de las aguas (Génesis 1:20-21) *contra* Dios creó toda la vida de la tierra (Génesis 2:19).

La excusa: Traducción mala.

La refutación: (Vea la carta de la Contestación [I] en el Mapa de la Refutación)

La corrección: Hoy, astrónomos están provistos con telescopios poderosos que pueden ver la formación de nuestras galaxias vecinas. De sus estudios, nosotros hemos aprendido que las galaxias se forman de la condensación de lloviznas celestiales.

"Luego, se dirigió al cielo, que era humo...." (Corán 41:11)

29. Inconsistencia cronológica

Equivocación: La Biblia dice que la tierra se creó en seis días (Génesis 2:1) mientras que los científicos modernos declaran que según la evidencia arqueológica, la tierra se creó en un tiempo de millones de años.

La excusa: Traducción mala.

La refutación: (Vea la carta de la Contestación [I] en el Mapa de la Refutación)

La corrección: El Corán está conservado y se considera auténtico en el árabe. Y así, el término árabe en la referencia a la creación de la tierra es "los períodos" o "los eones" en lugar de días como en las versiones de la Biblia:

"Vuestro Señor es Alá, Que ha creado los cielos y la tierra en seis períodos. Luego, se ha instalado en el Trono. Cubre el día con la noche, que le sigue rápidamente. Y el sol, la luna y las estrellas, sujetos por Su orden. ¿No son Suyas la creación y la orden? ¡Bendito sea Dios, Señor del universo!" (Corán 7:54)

30. _Luz en el universo_

Equivocación: La Biblia dice que había luz en el universo en el primer día de creación:

"Y dijo Dios: Sea la luz; y fue la luz. Y vio Dios que la luz era buena; y apartó Dios a la luz de las tinieblas. Y llamó Dios a la luz Día, y a las tinieblas llamó Noche; y fue la tarde y la mañana un día." (Génesis 1:3-5).

Pero entonces vemos que en Génesis 1:14 que el sol no se creó hasta el cuarto día. Sin el sol, no hay luz. Está absolutamente equivocado exigir que había luz cuando el sol no fue creado todavía.

La excusa: 1) Hay otras fuentes de luz en el universo además del sol. 2) El sol existente fue bloqueado por las nubes y sólo pudo aparecer en el cuarto día.

La refutación: 1) Si hay otras fuentes de luz en el universo, entonces, ¿por qué existe la oscuridad en la noche cuándo el sol baja? 2) Dios dijo en la Biblia "sea luces en el firmamento del cielo." Este es la frase de cola usada por Dios en la pre-creación. Dios no dijo, "permita las nubes irse de tal manera."

La corrección: Nosotros vemos que esta diferencia no está en el Corán. El Corán confirma lo qué científicos de hoy dicen. Están de acuerdo que los elementos en el universo fueron creado en seguid. Esto es conocido como la teoría del "Golpe Grande."

Dios, en el Corán, ilumina a los escritores de la Biblia. No hay ninguna necesidad a ser confundido en la materia de luz en el universo.

"¿Es que no han visto los infieles que los cielos y la tierra formaban un todo homogéneo y los separamos...." (Corán 21:30)

31. _El crecimiento de matas_

Equivocación: Aunque, hay verdades existentes en la Biblia que viene de Dios y no ha sido hasta el momento alterado, hay otros pasajes que tienen discordancias obvias con los hechos científicamente conocidos.

Otro ejemplo existente presentado es el crecimiento de vida de las plantas en la tierra. Según la Biblia, la formación de vida de las matas empezó en el tercer día:

"Y dijo Dios: Produzca la tierra hierba verde, hierba que haga simiente; árbol de fruto que haga fruto según su naturaleza, que su simiente esté en él sobre la tierra; y fue así." (Génesis 1:11)

El problema es que Dios creó el sol en el cuarto día (Génesis 1:14) y la formación compleja de la semilla no puede ocurrir sin la luz del sol.

La excusa: Traducción mala.

La refutación: (Vea la carta de la Contestación [I] en el Mapa de la Refutación)

La corrección: El Corán clarifica que la comida apareció dos eones después de que la luz estaba en los Cielos:

"En cuatro períodos iguales: ha puesto en ella, encima, montañas firmes, la ha bendecido y ha determinado sus alimentos. Para los que inquieren...." (Corán 41:10)

En los versos del Corán 41:11-12 el uso de los adverbios "*thummah*" y "*fa*" significan "una serie de eventos." Ninguno de estos dos, sin embargo, se usan en el décimo verso que dice cuatro períodos y usa el adverbio "*wa*" significando "paralelo o solapando" los eventos.

Por consiguiente, vemos que el tiempo total para completar la formación montañesa y el crecimiento de comida es cuatro períodos. Dentro de dos de estos cuatro períodos, nosotros vemos la luz:

"Decretó que fueran siete cielos, en dos períodos, e inspiró a cada cielo su cometido. Hemos engalanado el cielo más bajo con luminares, como protección. Tal es la decisión del Poderoso, del Omnisciente." (Corán 41:12)

32. *¿Animales creado antes del hombre?*

Equivocación: Los animales fueron creado antes de que el hombre fuera creado (Génesis 1:24-27) *contra* el hombre fue creado antes de que se crearan los animales (Génesis 2:7, 19).

La excusa: Génesis 2 sólo es descriptivo y los dos capítulos no dicen exactamente cuando los animales fueron creados.

La refutación: Lo qué los apologéticos no comprenden es que en Génesis 1, después que Dios hizo los animales, la decisión para hacer al hombre fue consumada. Mientras que en Génesis 2, después de que el hombre fue hecho, Dios dijo, "no es bueno que el hombre debe estar solo," entonces la decisión para hacer los animales fue ejecutada.

La corrección: Lógicamente, los animales se crearon antes de los humanos para que los humanos tengan comida. El Corán Sagrado lista esta sucesión aquí:

"¿No ves que se prosternan ante Alá los que están en los cielos y en la tierra, así como el sol, la luna, las estrellas, las montañas, los árboles, los animales y muchos de los hombres? Esto no obstante, muchos merecen el castigo. No hay quien honre a quien Alá desprecia. Dios hace lo que Él quiere." (Corán 22:18)

33. *Arboles creado antes del hombre*

Equivocación: Se crearon los árboles antes de que el hombre fuera creado (Génesis 1:11-12, 26-27) *contra* el hombre se creó antes de que se crearan los árboles (Génesis 2:4-9).

La excusa: Ninguno disponible.

La corrección: Nosotros vemos que la sucesión se perfila correctamente y sin diferencia en el Corán:

"¿Quién, si no, ha creado los cielos y la tierra y hecho bajar para vosotros agua del cielo, mediante la cual hacemos crecer primorosos jardines allí donde vosotros no podríais hacer crecer árboles? ¿Hay un dios junto con Alá? Pero es gente que equipara." (Corán 27:60)

"¿No ves que se prosternan ante Alá los que están en los cielos y en la tierra, así como el sol, la luna, las estrellas, las montañas, los árboles, los animales y muchos de los hombres? Esto no obstante, muchos merecen el castigo. No hay quien honre a quien Alá desprecia. Alá hace lo que Él quiere." (Corán 22:18)

34. *¿Por qué morimos?*

Equivocación: En la Biblia, Pablo exige que nosotros nos morimos debido al pecado. Pablo afirma que el primer humano pecó, por consiguiente la inmortalidad se perdió, y como consecuencia causó a todos los humanos ser aparentemente 'maldijo ' con la muerte.

Pablo culpa a Adán diciendo: "Por tanto, así como por un solo hombre entró el pecado en este mundo, y por el pecado la muerte; así la muerte pasó a todos los hombres, por cuanto todos pecaron." (Romanos 5:12)

"Porque, así como por un hombre vino la muerte, por un hombre viene la resurrección de los muertos. Que así como en Adán mueren todos..." (1 Corintios 15:21-22)

"Con todo eso la muerte reinó desde Adán hasta Moisés, aun sobre aquellos que no pecaron..." (Romanos 5:14)

"Porque el estipendio del pecado es la muerte..." (Romanos 6:23)

"Y, así como está decretado a los hombres el morir una sola vez..." (Hebreos 9:27)

La excusa: Jesús abolió la muerte, pero no ha tenido la oportunidad para realmente hacerlo.

La refutación: O la crucifixión exigida tenía una gran importancia o no; o quitó la muerte o no. De hecho que nosotros todavía morimos, entonces la respuesta es que la crucifixión supuesta no tenía importancia.

Si nosotros tuviéramos que esperar hasta la segunda venida de Jesús, sería demasiado tarde; nosotros no sabríamos si Jesús quitó la muerte porque será tiempo de la resurrección.

Quizás Pablo no supo si Jesús removió la muerte o no porque él no se había muerto todavía.

Al parecer Pablo ganó la confianza falsa en derrotando la muerte por audazmente predicando Evangelios contradictorios a grupos judíos y gentiles mientras evadiendo el asesinato brevemente, consiguientemente su inspiración falsa le dio ideas de decir comentarios infundados con respecto a la muerte.

La corrección: Afortunadamente, hoy, científicos saben que la muerte común se causa por... oxígeno.

Oxígeno es un elemento natural que también ayuda en la corrosión de automóviles y flores. La misma reacción que este elemento tiene hacia metales y la vida salvaje, también tiene hacia nuestros cuerpos, envejeciéndonos despacio hasta la muerte. Este gas es un veneno lento que afecta diferentemente también cada uno como él deteriora metales y plantas a varias velocidades.

Como recomendado por doctores en el campo de salud y medicina, se muestran que los anti-oxidantes retardan el proceso de envejecimiento. No obstante, los anti-oxidantes no detienen nuestra fecha de expiración, y en el futuro, en un momento fijo, nosotros nos morimos.

El Sagrado Corán confirma este proceso natural y no nos da los episodios del "pecado original." El Corán Sagrado nos da hechos de nuestro Creador que la muerte es un proceso normal y nosotros sólo vivimos para un cierto período y entonces devolvemos a Dios:

"Ves entre Sus signos que la tierra está seca. Luego, se reanima y reverdece cuando hacemos llover sobre ella. En verdad, Quien la vivifica puede también, vivificar a los muertos. Es omnipotente." (Corán 41:39)

"Alá hace que germinen el grano y el hueso del dátil, saca al vivo del muerto y al muerto del vivo. ¡Ése es Alá! ¡Cómo podéis, pues, ser tan desviados!" (Corán 6:95)

Hace casi 1,400 años, antes que los científicos confirmaron que el origen de muerte es la exposición prolongada a los elementos en la tierra, el Corán Sagrado en estos versos nos compara a otros organismos vivientes. Resumiendo que es un ciclo común para la tierra ser yermo, entonces traído atrás a la vida por el agua que desciende del Omnipotente Dios.

Por consiguiente, la razón para la muerte no está debido a un pecado o una maldición, es debido a las condiciones medioambientales de la tierra como declarado en el Corán Sagrado. Las rosas son en un momento dado por completo la flor, y como las tomas del proceso marchitándose coge afecto, la planta de la rosa deteriora y es finalmente inanimado, la rosa no nació una pecadora como nosotros no nacimos pecadores.

Esta evidencia concreta de nuevo muestras que la muerte natural no es una maldición transmitida; en cambio, la muerte es un proceso geológico natural.

"Cada uno gustará la muerte. Os probamos tentándoos con el mal y con el bien. Y a Nosotros seréis devueltos." (Corán 21:35)

Esto significa que la muerte es universal, y ninguna alma está exenta. La palabra "sabor/gustar" aquí apoya el hecho que la muerte común es debido a nuestro término de vida por inhalar gases oxígeno-basado.

"En lugar de tomarle a Él, han tomado a dioses que no crean nada, sino que ellos mismos son creados, que no disponen, ni siquiera para sí mismos, de lo que puede dañar o aprovechar, y no tienen poder sobre la muerte, ni sobre la vida, ni sobre la resurrección." (Corán 25:3)

Precisamente se declara en este verso que humanos ni ídolos creado por manos que se perciben como dioses, pueden tener cualquier mando encima de la muerte. El morir es una necrosis inevitable y aquéllos que asumen que personas o dioses petrificantes pueden hacer un cuerpo inmortal están muy mal.

El Corán trae la realidad a todas las falacias de parábolas antiguas de dioses de carne que nos dan inmortalidad a través de sacrificios o con bebidas rituales. La muerte es como una ocurrencia inevitable como el sol desciende todas las noche:

"Él es Quien da la vida y da la muerte. Él ha hecho que se sucedan la noche y el día. ¿Es que no comprendéis?" (Corán 23:80)

La divinidad de este ciclo está clara. Si el sol no pusiera, y la noche no cubre la tierra, entonces toda la tierra, se pondría yermo, y con un sol constante de 24 horas por día, la tierra marchitaría.

Semejantemente, si los humanos no se murieran, los recursos en esta tierra se habría vaciado. Nosotros nos rodeamos por ciclos, dentro de y fuera de nuestro universo. Niños nacen y este nacimiento mantiene la existencia de la humanidad y de hecho la muerte y el nacimiento mantiene nuestra presencia aquí en la tierra.

Muchos ciclos son mencionado dentro del Sagrado Corán que generan y conservan la vida en nuestro planeta. Si cualquiera de las numerosas sucesiones, incluso la muerte, fuera removido del fenómeno repetido, la raza humana se marchitaría dentro de un siglo.

Si nosotros observamos nuestros ambientes como realistas, nosotros necesitamos la muerte y no podemos existir sin él. La vida y muerte son como un par perfecto como el día y la noche:

"Todo lo creamos por parejas. Quizás, así, os dejéis amonestar." (Corán 51:49)

La muerte en el Islám es un proceso de transición; el morirse es nada para remorder sobre:

"Y no penséis que quienes han caído por Alá hayan muerto. ¡Al contrario! Están vivos y sustentados junto a su Señor." (Corán 3:169)

En conclusión, el Corán y la ciencia no hacen de la muerte una víctima propiciatoria; en cambio lo explica como un ciclo natural.

35. *La forma del mundo*

Equivocación: A pesar del cambio de 180-grados por los apologéticos bíblicos modernos comparado con los 15 siglos anteriores de estudiosos cristianos, nosotros salimos todavía con pasajes en la Biblia que fuertemente indican que la tierra es llana:

"Y enarbolará un estandarte entre las naciones y reunirá los fugitivos de Israel, y recogerá los dispersos de Judá, de los cuatro puntos de la tierra." (Isaías 11:12)

"¿Has cogido con tus manos los polos de la tierra, y sacudido, a fin de expeler de ella a los impíos?" (Job 38:13)"

"Y después de estas cosas vi cuatro ángeles que estaban sobre los cuatro ángulos de la tierra, deteniendo los cuatro vientos de la tierra, para que no soplase viento sobre la tierra, ni sobre el mar, ni sobre ningún árbol. (Apocalipsis 7:1)

"Un árbol grande y robusto, cuya copa tocaba al cielo, y se alcanzaban a ver desde él los últimos términos de toda la tierra." (Daniel 4:8)

"Todavía le subió el diablo a un monte muy encumbrado, mostróle todos los reinos del mundo y la gloria de ellos." (Mateo 4:8)

Estos pasajes indican claramente que la tierra tiene cuatro esquinas y que la tierra entera pudiera verse de un fin al otro. Los seguidores de la Biblia modernos tal vez no interpretan esos pasajes como a tal, pero siglos de estudiosos cristianos del pasado hacían exactamente eso. Los siglos de estudiosos cristianos que apoyan la creencia de la tierra llana son:

Lactantios (EC* 245–325), un retórico profesional que se convirtió a la Cristiandad en su madurez.

Severián de Gabala (380).

Cosmas Indicopleustes, un cristiano griego del sexto siglo que exigió que la Tierra era llana y estaba bajo los cielos (consistiendo de en un arco abovedado rectangular).

En los libros, "Los Tremendos Viajes" (*Tremendous Treks*) por Pedro Kent y "Cristobal Colón" por Lucio Sorer, la actitud cristiana popular de la tierra siendo llana esta bien documentado entre las masas.

La excusa: Eso es lo que dice pero eso no es lo que significa. Las cuatro esquinas realmente son referencias al norte, sur, este y oeste.

La refutación: (Vea la carta de la Contestación [E] en el Mapa de la Refutación). No se acepta la demanda que las cuatro esquinas estaban refiriéndose a las direcciones de navegación por tres razones obvias. El primero es que cuando la Biblia habla sobre las direcciones de navegación, menciona esas direcciones realmente y no la descripción cuadrada de "cuatro esquinas de la tierra."

"Y será tu simiente como el polvo de la tierra, y te multiplicarás al occidente, y al oriente, y al aquilón, y al mediodía; y todas las familias de la tierra serán benditas en ti y en tu simiente." (Génesis 28:14)

La segunda razón por qué los intentos de apologéticos de cambiar el significado de las "cuatro esquinas" fracasa es que el término "cuatro esquinas" se usa para significar una estructura cuadrada en otra parte:

"Ha venido de repente un huracán de la parte del desierto, que ha conmovido las cuatro esquinas de la casa, la cual ha caído, cogiendo debajo a tus hijos, que han quedado muertos; y me he salvado sólo yo para poder avisártelo." (Job 1:19)

La tercera razón es que los escritores de la Biblia declaran que ellos pueden ver todas las cuatro esquinas de la tierra:

"Y después de estas cosas vi cuatro ángeles que estaban sobre los cuatro ángulos de la tierra…" (Apocalipsis 7:1)

Esto confirma que la tierra es llana porque si usted puede ver todas las cuatro esquinas de su casa, entonces usted está de pie en una tierra llana.

La corrección: El Corán claramente y consistentemente dice que la forma de la tierra es esférico:

"...y la tierra, después de eso, Él (Dios) lo hizo '*dahaha*' (de forma oval)." (Corán 79:30)

EC = Era común

36. ¿La tierra se mueve?

Equivocación: La razón por qué la noción que la tierra estaba al centro del universo hasta 1,600 EC,* eran tan popular entre las masas y la iglesia era debido a la creencia en la Biblia que la tierra estaba inmóvil, y en cambio, los otros objetos celestiales rodeaban la tierra:

"Sólo el Señor es rey, de majestad se ha revestido; revistióse el Señor de poderlo, se ha ceñido los lomos. El ha asentado el orbe de la tierra, no hay miedo de que vacile." (Salmos 93:1)

"En los pueblos, decid: El Señor reina, él el orbe asentó, que no vacile, él gobierna a los pueblos con justicia." (Salmos 96:10)

"La tierra sobre asientos duraderos has fundado, que no vacilarán de siglo en siglo." (Salmos 104:5)

"Conmuévase delante de él la tierra toda, puesto que él es el que fundó el universo sobre inmobles cimientos." (1 Paralipómenos 16:30)

Para dispersar cualquier duda sobre el planeta – la tierra estando inmóvil, la palabra hebrea para "la tierra" es "*eretz*" qué significa:

"La tierra entera (opuesto a solamente una parte) y tierra (opuesto al cielo)" *El Léxico Hebreo del Viejo Testamento KJV (The KJV Old Testament Hebrew Lexicon).*

La excusa: Este pasaje se toma literalmente en lugar de ser tomado simbólicamente o metafóricamente.

La refutación: (Vea la carta de Contestación [H] en el Mapa de la Refutación)

La corrección: El Sagrado Corán muestra que la tierra no es un cuerpo celestial inmóvil, y en cambio, la tierra gira sobre otros cuerpos celestiales:

"Él es Quien ha creado la noche y el día, el sol y la luna. Cada uno navega en una órbita." (Corán 21:33)

37. *¿La tierra está aguantado?*

Equivocación: La tierra no tiene ninguna fundación (Job 26:7) *contra* la Tierra tienes pilares (1 Samuel 2:8, Job 9:6).

La excusa: Eso es lo que dice pero eso no es lo que significa. Cuando Dios dice "los pilares de la tierra," Él quiere decir los adornos como las montañas.

La refutación: (Vea la carta de la Contestación [E] en el Mapa de Refutación). Esta excusa sería válida salvo que 1 Samuel 2:8 dice "Porque son del Señor los pilares de la tierra, y él asentó sobre ellos el mundo."

Ya que la tierra no esta encima de las montañas, nos obligan a que concluyamos que la Biblia está hablando de los pilares bajo la tierra, no las que están en la tierra.

La corrección: El Corán Sagrado establece la contradicción de que si hay o no hay pilares que aguantan la tierra declarando:

"Alá es quien elevó los cielos sin pilares visibles. Luego, se instaló en el Trono..." (Corán 13:2)

Para concluir, hay pilares, pero no se pueden ver como el Corán clarifica.

38. *El cielo está aguantado*

Equivocación: Columnas o pilares apoyan al cielo.

"Las columnas del cielo se estremecen y tiemblan a una mirada suya." (Job 26:11)

Pero cuando los astronautas viajaron a través del espacio, ningún pilar fue visible.

La excusa: Eso es lo que dice pero eso no es lo que significa.

La refutación: (Vea la carta de la Contestación [E] en el Mapa de la Refutación)

La corrección: El Corán Sagrado confirma lo qué los astronautas han descubierto casi 1,400 años antes de que ellos vieron que no había ningún pilar visible como dice la Biblia. Una vez más, el Corán borra una equivocación:

"Ha creado los cielos sin pilares visibles. Ha fijado en la tierra las montañas para que ella y vosotros no vaciléis. Ha diseminado por ella toda clase de bestias. Hemos hecho bajar agua del cielo y crecer en ella toda especie generosa." (Corán 31:10)

39. *Promedio vital*

Equivocación: La Biblia da promedios de vida contradictorios que están ausente del Corán.

Nosotros viviremos 120 años:

"Y dijo el Señor: No contenderá mi espíritu con el hombre para siempre, porque ciertamente él es carne; mas serán sus días ciento veinte años." (Génesis 6:3)

Nosotros viviremos 100 años:

"No se verá más allí un niño que viva pocos días, ni anciano que no cumpla el tiempo de su vida; pues morir a cien años, será morir joven, y no llegar a cien años será reputado como maldición." (Isaías 65:20)

Nosotros viviremos 80 años:

"Suma de nuestros años son setenta, y si somos robustos, hasta ochenta. Y los más de ellos son trabajo vano, pues velozmente pasan y nosotros, a par, en raudo vuelo." (Salmos 90:10)

Aunque todos los tres promedios de vida difieren uno con el otro, la más marcada inconsistencia es entre Salmos 90:10 donde con la fuerza, nosotros mantendremos 80 años y Isaías 65:20 donde dice que si cualquiera no vive 100 años es maldito. Por consiguiente, según la propia esperanza de vida de la Biblia, la mayoría de humanos se maldecirá porque la mayoría de nosotros no alcanzamos los 100 años

La excusa: La longevidad disminuyó con el tiempo como una maldición de Dios (Génesis 6:3).

La refutación: Primeramente, Jesús en la Biblia supuestamente quito todos los pecados del pasado hace más de 2,000 años, pero todavía la mayoría de los humanos apenas alcanzan 100 años. Segundo, la maldición supuesta de Dios era que nuestra vida disminuyó de 900 a 120 años, pero raramente cualquiera de nosotros alcanza los 120 años. Tercero, esta excusa de la maldición no es válida porque muchas personas (desde que la maldición supuesta fue ordenada) han superado el año maldito. Más allá la evaluación revela que varios humanos rompieron el promedio de vida puesto en la Biblia:

Noé, nueve-ciento y cincuenta años (Génesis 9:29)
Sem, seis-cientos años (Génesis 11:10-11)
Arfaxad, cuatro-ciento y treinta y ocho años (Génesis 11:12-13)
Sala, cuatro-ciento y treinta y tres años (Génesis 11:14-15)
Heber, cuatro-ciento y sesenta y cuatro años (Génesis 11:16-17)
Peleg, dos-ciento y treinta y nueve años (Génesis 11:18-19)
Reu, dos-ciento y treinta y nueve años (Génesis 11:20-21)
Serug, dos-ciento y treinta años (Génesis 11:22-23)
Taré, dos-ciento y cinco años (Génesis 11:32)
Isaac, ciento y ochenta años (Génesis 35:28)
Abrahán, ciento y setenta y cinco años (Génesis 25:7)
Nacor, ciento y cuarenta y ocho años (Génesis 11:24-25)
Jacob, ciento y cuarenta y siete años (Génesis 47:28)
Job, ciento y cuarenta años (Job 42:16-17)
Amram, ciento y treinta y siete años (Éxodo 6:20)
Joyada, ciento y treinta años (2 Paralipómenos 24:15)
Sarah, ciento y veintisiete años (Génesis 23:1)

Por consiguiente, la longevidad no disminuyó como los apologéticos exigen sino fue esporádico. De hecho, según los científicos de hoy, con los descubrimientos de varias curas nuestra longevidad está aumentando.

La corrección: El Corán corrige los promedios de vida pintado en la Biblia simplemente declarando:

"Alá da la vida y da la muerte." (Corán 3:156)

"Y cuando vence su plazo, no pueden retrasarlo ni adelantarlo una hora." (Corán 7:34)

"No matéis a nadie que Dios haya prohibido, sino con justo motivo. Si se mata a alguien sin razón, damos autoridad a su pariente próximo, pero que éste no se exceda en la venganza. Se le auxiliará." (Corán 17:33)

"Nadie puede morir sino con permiso de Alá y según el plazo fijado" (Corán 3:145)

"Nosotros hemos determinado que muráis y nadie podrá escapársenos" (Corán 56:60)

Por consiguiente, comprendemos del Corán, qué es libre de los promedios de vida incoherentes como afirmado en la Biblia, que Dios controla la longevidad. La muerte no es una maldición; es una condición humana natural que puede pasar en cualquier tiempo. Por esto es crítico rendirse al culto de Dios todos los días y no esperar 120 años para encontrarse con nuestro Creador.

40. ¿En la Tierra para siempre?

Equivocación: La tierra durará para siempre (Eclesiástico 1:4) *contra* la tierra se destruirá (2 Pedro 3:10)

La excusa: Traducción mala.

La refutación: (Vea la carta de la Contestación [I] en el Mapa de la Refutación)

La corrección: La vida de este mundo es corta. Si supiéramos todos en cuanto es corto…

"El día que la tierra sea sustituida por otra tierra y los cielos por otros cielos, que comparezcan ante Alá, el Uno, el Invicto." (Corán 14:48)

41. Buscando sabiduría

Equivocación: La alegría de la sabiduría (Proverbios 3:13-15) *contra* la miseria de la sabiduría (Eclesiástico 1:18)

La excusa: Salomón está buscando sabiduría terrenal en lugar de la sabiduría piadosa.

La refutación: Todo debajo de y sobre el sol es hecho por Dios y logrando sabiduría a través de aprender es un acto santo.

La corrección: El Corán nos enseña de forma consistente que buscando sabiduría es clave para la felicidad:

"Pero a los que, de ellos, están arraigados en la Ciencia, a los creyentes, que , creen en lo que se te ha revelado a ti y a otros antes de ti, a los que hacen la azalá,* a los que dan el azaque,* a los que creen en Alá y en el último Día, a ésos les daremos una magnífica recompensa." (Corán 4:162)

Azalá = el rezo obligatorio de los musulmanes
Azaque = la caridad obligatoria de los musulmanes

42. *Examinando la embriología*

Equivocación: En examinando la embriología en la Biblia, descubrimos las diferencias con respecto al conocimiento científico moderno. También encontramos una similitud estupenda a las teorías griegas antiguas de la embriología.

"Acuérdate, te ruego, que me moldeaste como de una masa de barro, y que me has de reducir a polvo. ¿No me exprimiste como leche y como queso me cuajaste? Vestísteme de piel y carne, y con huesos y nervios me tejiste." (Job 10:9-11)

La comparación de embriología con la fabricación de queso es notablemente idéntico a una comparación que el antiguo filósofo griego Aristóteles hace en su libro *Sobre la Generación de Animales*.

Además, la noción de que uno se cose dentro del útero parece ser un tema continuo:

"Porque tú mis riñones has plasmado, me tejiste en el seno de me madre. Gracias te rindo porque he sido tan prodigiosamente conformado: porque maravillosas son tus obras. Y conoces mi alma cabalmente." (Salmos 139:13-14)

La excusa: Traducción mala.

La refutación: (Vea la carta de la Contestación [I] en el Mapa de la Refutación)

La corrección: Estas inconsistencias Bíblicas se corrigen por la explicación de la embriología en el Corán:

"Él lo hace en las matrices de sus madres en fases, uno despúes de otro, en tres velos de oscuridad." (Corán 39:6)

"Luego, le colocamos como gota en un receptáculo firme." (Corán 23:13)

"Luego, creamos de la gota un coágulo de sangre, del coágulo un embrión y del embrión huesos, que revestimos de carne." (Corán 23:14)

El verso 23:14 indica que en la fase del trozo coágulo, huesos y músculos se forman. Esto está de acuerdo con los resultados científicos. Primero, el cartílago se forma, entonces los músculos y la carne se desarrollan alrededor de ellos desde el mesodermo somático.

Esto corrige la aserción de la Biblia que la piel viene primero y entonces es "tejido" hacia los huesos (Job 10:10). El Corán también trae a la realidad cualquier falacia que nosotros somos vertido como la leche y que esa cantidad de leche se hace en un queso. En cambio, nosotros somos creados de una gota que crece en fases. Nosotros sabemos que cuando la leche se vierte se disminuye cuando se vuelve queso. La Biblia describe una embriología opuesta al proceso que es probado por los científicos modernos y comprobado en el Corán: una gota se "extiende" en el recién nacido.

Según Keith L. Moore, PhD, Profesor de Anatomía y Decano Asociado de las Ciencias Básicas, de la Facultad de Medicina en la Universidad de Toronto:

"Durante los últimos tres años, yo he trabajado con el Comité de la Embriología de la Universidad del Rey Abdulaziz en Jeddah, Arabia Saudita, ayudando que ellos interpretan las muchas declaraciones en el Corán y el Sunnah que refieren a la reproducción humana y el desarrollo prenatal. Al principio yo estaba sorprendido por la exactitud de las declaraciones que se grabaron en el séptimo siglo EC,* antes que la ciencia de embriología fuera establecida."

El Corán reveló el proceso del nacimiento siglos antes de que las máquinas de radiografía modernas podrían validarlo, mientras demostrando su origen divino y corrigiendo el proceso embriológico que se describe falsamente en la Biblia.

*EC = era común

43. ¿Desde los intestinos?

Equivocación: La Biblia exige que los niños vienen de los intestinos:

"Por ti he sido sustentado desde el vientre; de las entrañas de mi madre tú fuiste el que me sacaste; de ti ha sido siempre mi alabanza." (Salmos 71:6)

"Oídme, islas, y escuchad, pueblos lejanos. El Señor me llamó desde el vientre; desde las entrañas de mi madre tuvo mi nombre en memoria." (Isaías 49:1)

Sólo uno en diez mil embarazos hacen a que un bebé desarrolle en el intestino de la madre. Esto se conoce como un embarazo abdominal ectópico y en 95 por ciento de estos casos, el bebé se muere antes del nacimiento.

La excusa: Ninguno disponible.

La corrección: Dios corrige este pensamiento horrendo de bebés que nacen de los intestinos en el Corán:

"Alá os ha sacado del seno de vuestras madres, privados de todo saber. Él os ha dado el oído, la vista y el intelecto. Quizás, así, seáis agradecidos." (Corán 16:78)

"Alá sabe lo que cada hembra lleva y cuándo se contrae el útero, cuándo se dilata. Todo lo tiene medido." (Corán 13:8)

(IV.) LAS LEYES

44. ¿Codiciar regalos?

Equivocación: No codicie materiales mundanos (Éxodo 20:17) *contra* Codicie materiales mundanos (1 Corintios 12:31).

La excusa: Eso es lo que dice pero eso no es lo que significa. En 1 Corintios 12:31, 'codicie' significa desear legalmente.

La refutación: (Vea la carta de la Contestación [E] en el Mapa de la Refutación). Cualquier envidia es mala en la Biblia (Proverbios 14:30). Segundo, Éxodo 20:17 no hace diferencia entre el codiciar legal o ilegal. Por último, la tentación mundana en la Biblia sólo viene del diablo, así que siempre es ilegal:

"Ninguno, cuando es tentado, diga que Dios le tienta; porque Dios no puede ser tentado por el mal, ni él tienta a nadie. Sino que cada uno es tentado, atraído y halagado por la propia concupiscencia." (Santiago 1:13-14)

La corrección: El Corán corrige la Biblia especificando de forma consistente que el codiciar es un pecado:

"No codiciéis aquello por lo que Alá ha preferido a unos de vosotros más que a otros. Los hombres tendrán parte según sus méritos y las mujeres también. Pedid a Alá de Su favor. Dios es omnisciente." (Corán 4:32)

45. ¿La vaca misericordiosa?

Equivocación: Una vaca se puede usar para perdonar el asesinato (Deuteronomio 21:1-9) *contra* una vaca no perdona un asesinato (Números 35:33, Salmos 49:7).

En Deuteronomio 21:1-9, la Biblia declara que unos judíos fueron perdonado por asesinar a un hombre inocente simplemente matando a una vaca. Esto es una degradación de vida humana e incluso más inquietante es que los editores de la Biblia se pueden haber sido motivado por grabar la historia de esta manera para aliviar la culpa de los judíos. Esta historia Bíblica también está en acuerdo con cómo los judíos de Egipto antiguo pensaban que la vaca era sagrada y en este caso, igual al asesinar una vida humana.

La excusa: Ninguno disponible.

La corrección: El Corán Santo clarifica esta cuenta con exactitud virtuosa. El Corán conserva la preciosidad de la vida humana y muestras Dios como un Juez Virtuoso para nuestros asuntos. En el Corán, la vaca fue usada para revelar al asesino oculto y realmente no era una expiación del asesino:

"Y cuando matasteis a un hombre y os lo recriminasteis, pero Alá reveló lo que ocultabais. Entonces dijimos: «¡Golpeadlo con un pedazo de ella (de la vaca)!» Así Alá volverá los muertos a la vida y os hará ver Sus signos. Quizás, así, comprendáis." (Corán 2:72-73)

Esto mostró que el asesino no se puede esconder porque Dios sabe todos y puede devolverle al muerto la vida para revelar sus asaltadores, y corrigiendo la noción que una vaca puede usarse como una expiación para un asesinato simultáneamente.

46. ¿El celibato preferido?

Equivocación: Somos animados al matrimonio (Génesis 2:18-24, 1 Timoteo 4:1 - 5) *contra* el matrimonio es descorazonado (1 Corintios 7:8)

La excusa: Eso es lo que dice pero eso no es lo que significa. Pablo no está diciendo, "no te case;" él está declarando meramente, "es mejor no casarse."

La refutación: Primero, esto agrega a la contradicción que porque Dios en la Biblia dice es bueno el ser casado:

"Y dijo el Señor Dios: No es bueno que el hombre esté solo; le haré ayuda que esté delante de él." (Génesis 2:18)

Secundariamente, más allá abajo en 1 Corintios, Pablo se reitera diciéndoles a los solteros que no se casen:

"¿Estás sin tener mujer? No busques el casarte." (1 Corintios 7:27)

Este mando por Pablo en la Biblia se ha seguido a la letra por sacerdotes cristianos en el mundo entero, desamparando el matrimonio para una vida de celibato. Esto demuestra que Pablo no está haciendo una sugerencia meramente, pero creando una ley contradictoria en cambio.

La corrección: Islám está de acuerdo con la naturaleza humana. Islám es bien conocido como "la religión natural" porque el Islám está en armonía con el cuerpo humano, su mente, y su alma. El Corán nos enseña a:

"Casad a aquéllos de vosotros que no estén casados y a vuestros esclavos y esclavas honestos. Si son pobres, Alá les enriquecerá con Su favor. Alá es inmenso, omnisciente." (Corán 24:32)

"Hoy se os permiten las cosas buenas. Se os permite el alimento de quienes han recibido la Escritura, así como también se les permite a ellos vuestro alimento. Y las mujeres creyentes honestas y las honestas del pueblo que, antes que vosotros, había recibido la Escritura, si les dais la dote tomándolas en matrimonio, no como fornicadores o como amantes. Vanas serán las obras de quien rechace la fe y en la otra vida será de los que pierdan." (Corán 5:5)

En concluir, las jerarquías de la religión cristiana como los sacerdotes y las monjas, están en violación de la naturaleza – no se casan. Mientras que todos los musulmanes incluso jeques, imémes, muftis, u otros son animados casarse. Islám está de acuerdo con cómo Dios nos formó.

47. *Halál es Kocher*

*Halál = las leyes dietéticas Islámica
*Kocher = las leyes dietéticas Judía

Equivocación: La Biblia declara que algunas leyes se dieron como un castigo debido a la desobediencia:

"Porque no pusieron por obra mis derechos, y desecharon mis ordenanzas, y profanaron mis sábados, y tras los ídolos de sus padres se les fueron sus ojos. Por eso yo también les di ordenanzas no buenas, y derechos por los cuales no viviesen; y los contaminé en sus ofrendas cuando hacían pasar por el fuego todo primogénito, para que los desolase, a fin de que supiesen que yo soy el Señor." (Ezequiel 20:24-26)

Cuando nosotros analizamos la Biblia, descubrimos que algunas leyes dietéticas caben en la categoría de "leyes malas" dado para hacer a cierta gente desolar. Por ejemplo, sabemos que con la gente del desierto, la inanición era muy común y la prohibición de cierta comida significaba una muerte cierta.

Con la salud del Monoteísta y su bienestar siendo una prioridad, comidas nutritivas que se prohibieron previamente en la Biblia como los camarones, el conejo, partes del camello, mariscos como la langosta y animales del mar con cáscaras en proporción, se permite en el Corán:

"Pero éstos no comeréis de los que rumian, o tienen uña hendida: camello, y liebre, y conejo, porque rumian, mas no tienen uña hendida, os serán inmundos." (Deuteronomio 14:7)

"Esto comeréis de todo lo que está en el agua: todo lo que tiene aleta y escama comeréis; mas todo lo que no tuviere aleta y escama, no comeréis; inmundo os será." (Deuteronomio 14:9-10)

La excusa: Ninguno disponible.

La corrección: Encontramos que las comidas que se han prohibido todavía en la Biblia son permitido en el Corán y no causan daño o enfermedad según las pruebas médicas. La salud es uno de los temas centrales en el Corán.

"(Y se les dicen): «¡Comed y bebed en paz! ¡Por lo que habéis hecho!»" (Corán 52:19)

Dios envió el Corán Sagrado como una misericordia a la humanidad. Dios nos recuerda en el Corán el evento de Ezequiel 20:24 –

"A los judíos les prohibimos toda bestia ungulada y la grasa de ganado bovino y de ganado menor, excepto la que tengan en los lomos o en las entrañas o la mezclada con los huesos. Así les retribuimos por su rebeldía. Decimos, sí, la verdad." (Corán 6:146)

También vea Corán 3:93 y 4:160.

Tal restricción en el desierto de Israel y Arabia mataría a los seguidores ciertamente a través de la inanición y hacer el número de creyentes pequeño en la población, como Dios había prometido hacer a los Israelitas desolar.

Por ejemplo, Dios prohibió las comidas nutritivas y no-nutritivas para los Israelitas mientras perdonando aquéllos que se arrepintieron y devolvieron a Alá (Dios). Según el mejor de nuestro conocimiento científico moderno, no hay ninguna razón por qué el conejo o la carne del camello es menos saludable que la vaca o carne de cabra. Con la escasez de comida en el desierto, prohibiéndose de comer la carne saludable significaba la muerte. Por consiguiente, Dios envió su mensaje perdonante en el Corán Sagrado, para que los Israelitas que se arrepintieran pudieran mantener sus leyes dietéticas kocher, pero con misericordia en lugar de la maldición:

"Hacemos descender, por medio del Corán, lo que es curación y misericordia para los creyentes, pero esto no hace sino perder más a los impíos." (Corán 17:82)

"...Ésas son pruebas visibles de vuestro Señor, dirección y misericordia para gente que cree." (Corán 7:203)

Un ejemplo de esta misericordia dietética se graba en el Corán:

"Entre las cosas sagradas de Alá os hemos incluido los camellos de sacrificio. Tenéis en ellos bien. ¡Mencionad, pues, el nombre de Alá sobre ellos cuando están en fila! Y cuando yazcan sin vida, comed de ellos y alimentad al mendigo y al necesitado. Así los hemos sujetado a vuestro servicio. Quizás, así, seáis agradecidos." (Corán 22:36)

Dios revela en este verso que los camellos realmente son nutritivos, considerando que en la Torá no fueron prohibido debido a razones de salud como la carne de cerdo, pero debido a la desobediencia de los Israelitas. Dios también explica que nos permitieron misericordiosamente comer las carnes previamente prohibidas para que nosotros podamos estar satisfechos y no ser mendigantes.

En lugar de pidiendo comida o muriéndose del hambre debido a una ley Bíblica puesta a los Israelitas antiguos debido a un acto antiguo de desobediencia, los Monoteístas de hoy son perdonado y permitido comer las comidas saludables mientras todavía restringiéndose de sólo esas comidas que son dañinas al cuerpo.

48. ¿Vegetariano?

Equivocación: Coma sólo verduras (Génesis 1:29-30) *contra* coma todo [las carnes y las verduras] (Génesis 9:3).

La excusa: Los mandos más tarde reemplazan los anteriores.

La refutación: Esto sería aceptable salvo que los mandos más tarde continuaron reemplazando los anteriores en la Biblia:

"Y hace bien en no comer carne – ni en tomar otra cosa por la cual su hermano se ofende..." (Romanos 14:21).

La corrección: El Corán es libre de estas inconsistencias. Nosotros nos enseñan que las carnes y las verduras son legales para nosotros con la excepción de carne que puede dañar nuestro bienestar, como la carne del cerdo:

"Os ha prohibido sólo la carne mortecina, la sangre, la carne de cerdo y la de todo animal sobre el que se haya invocado un nombre diferente del de Alá. Pero, si alguien se ve compelido por la necesidad -no por deseo ni por afán de contravenir... Alá es indulgente, misericordioso." (Corán 16:115)

49. *La razón por el Sabát**

*Sabát = el Sábado guardado como sagrado por los judíos.

Equivocación: El Sabát se guardó porque Dios descansó en el séptimo día después de crear el universo (Éxodo 20:11) *contra* Sabát se guarda porque Dios entregó a los Israelitas de Egipto (Deuteronomio 5:15).

"Y acuérdate que fuiste siervo en tierra de Egipto, y que el Señor tu Dios te sacó de allá con mano fuerte y brazo extendido; por lo cual el Señor tu Dios te ha mandado que guardes el día del sábado." (Deuteronomio 5:15)

La excusa: Ambos pasajes se están felicitando; puede haber razones múltiples para obedecer una ley particular.

La refutación: Sería suficiente para lo humanos guardar el Sabát como gratitud a Dios por crear el Universo. Estaría bajo Dios intentar halagar a los humanos para guardar el Sabát continuamente, en particular por ayudarlos escapar de Egipto.

Segundo, Deuteronomio 5:15 está hablando de una razón singular, no razones múltiples:

"Y acuérdate que fuiste siervo en tierra de Egipto, y que el Señor tu Dios te sacó de allá con mano fuerte y brazo extendido; por lo cual el Señor tu Dios te ha mandado que guardes el día del sábado." (Deuteronomio 5:15)

Dios no dice "eso es 'una de las razones' por qué yo le ordeno que observe el Sabát."

Tercero, no hay ninguna prueba que Adán y Eva junto con todo los Profetas antes de Moisés guardaron u observaron el Sabát, indicando que Deuteronomio 5:15 era cuando se volvió una Ley primero.

La corrección: El Sagrado Corán corrige múltiples conceptos erróneos en esta cuenta. Corán 50:38 clarifica eso:

1) El universo no se creó en 6 días, sino 6 períodos. Así que el día no tiene la importancia cronológica.

2) Dios nunca se cansa, así que nunca necesitas descansar. Por consiguiente nosotros no tenemos que descansar en ese día.

3) El Sábado es un período de recuerdo, no del descanso, quitando la maldición de no trabajar ese día entero. (Continuamos desde el 49 al 50)

50. ¿Trabajo en el Sabát?

Equivocación: No trabaje en el Sabát (Éxodo 31:15) *contra* El Profeta Jesús trabajó en el Sabát (Juan 5:16, Mateo 12:1-3, 5).

La excusa: Jesús era Dios, así que se permitió romper el Sabát.

La refutación: Si Jesús es el Dios de la Biblia, ¿por qué rompería una ley que él especificó por descansar?

La corrección: El Corán como una realización de la Biblia explica que Jesús estaba dando énfasis al punto que el Sabát fue hecho para el recuerdo, no el trabajo.

Jesús declaró que Dios no detiene de trabajar, incluso en el día del Sabát (Juan 5:16) qué es correctamente confirmado en el Corán 2:255.

No trabajando en el Sabát fue un juicio puesto a los Israelitas rebelde que consideraban la nueva ley una maldición, porque Dios nunca descansa.

El refrenamiento financiero puesto a los Israelitas fue en cambio un castigo como percibido en la Biblia:

"¿Cuándo pasará la luna nueva, y venderemos los géneros; y pasará el sábado, y sacaremos fuera los granos; achicaremos la medida, y aumentaremos el peso del siclo, falsearemos la balanzas, para hacernos con el dinero dueños de los miserables, y con un par de sandalias comprar por esclavo al pobre, y vender las ahechaduras del trigo?" (Amos 8:5-6)

"También estaban en ella tirios que traían pescado y toda mercadería, y vendían en sábado a los hijos de Judá en Jerusalén." (Nehemías 13:16)

El Sabát que se dio a los hebreos rebeldes con Moisés se volvió un refrenamiento insufrible hacia las generosidades de Dios a los Israelitas. Entonces empezando con Jesús, como mensajero virtuoso de Dios y completó con la reiteración de Dios en el Corán Sagrado, los obedientes fueron perdonados.

Así, el Corán Sagrado explica que el Sabát era un día de recuerdo, en lugar del descanso. El levantamiento misericordioso de la restricción a las liberalidades de Dios se especifica en los versos siguientes:

¡Creyentes! Cuando se llame el viernes a la azalá,* ¡corred a recordar a Alá y dejad el comercio! Es mejor para vosotros. Si supierais... Terminada la azalá, ¡id a vuestras cosas, buscad el favor de Alá! ¡Recordad mucho a Alá! Quizás, así, prosperéis." (Corán 62:9-10)

La maldición del encierro financiero es quitado misericordiosamente en el Corán mientras que la sustancia del Sabát está en el lugar.

Azala = los rezos diarios obligatorios de los musulmanes

51. *Esclavitud o no*

Equivocación: La esclavitud no es permitido (Isaías 58:6) *contra* esclavitud es permitido (Éxodo 21:7-8, Efesios 6:5, Colosenses 3:22)

La excusa: Isaías 58:6 no prohíbe toda esclavitud y Pablo simplemente está haciendo un comentario sobre una condición de sus días sobre la esclavitud Semítica diciendo, "sean empleados buenos."

La refutación: Intentando de corregir la contradicción, los Bíblicos confirman los males de la promoción de la esclavitud en la Biblia que fue usado para justificar la esclavitud durante siglos hacia los semítas y gentiles igualmente.

La corrección: El Santo Corán nos dice que no esclavicemos a otros humanos:

"No está bien que un mortal a quien Alá da la Escritura, el juicio y el profetismo, vaya diciendo a la gente: «¡Sed siervos míos y no de Alá!» Antes bien: «¡Sed maestros, puesto que enseñáis la Escritura y la estudiáis!»" (Corán 3:79)

Además de no esclavizar otros humanos, el Santo Corán nos enseña a librar los esclavos existentes:

"Que los que no puedan casarse observen la continencia hasta que Alá les enriquezca con Su favor. Extended la escritura a los esclavos que lo deseen si reconocéis en ellos bien, y dadles de la hacienda que Alá os ha concedido. Si vuestras esclavas prefieren vivir castamente, no les obliguéis a prostituirse para procuraros los bienes de la vida de acá. Si alguien les obliga, luego de haber sido obligadas Alá se mostrará indulgente, misericordioso." (Corán 24:33)

52. ¿Leyes buenas?

Equivocación: Las Leyes son deleitables (Salmos 119:35) *contra* Las Leyes son una maldición (Galátas 3:10-13).

La excusa: Las leyes eran buenas de seguir hasta la resurrección. Después de la resurrección, las leyes fueron anulado:

"Limpiad pues la vieja levadura, para que seáis nueva masa, como sois sin levadura; porque nuestra Pascua, Cristo, es sacrificado por nosotros." (1 Corintios 5:7)

La refutación: Es una noción defectuosa para exigir que las leyes que fueron seguido por milenios sólo fueron hecho para ser temporal. El Dios de Abrahán y Jesús declara que las leyes son para siempre:

"Eterno","Para Todas las Generaciones", "una Ordenanza Perpetua "(Éxodo 27:21; 28:43; 29:28; 30:21; 31:17; Levítico 6:18, 22; 7:34, 36; 10:9, 15; 17:7; 23:14, 21, 41; 24:3; Números 10:8; 15:15; 18:8, 11, 19,

23; 19:10; Deuteronomio 5:29; Salmos 119:160) y no será cambiado o se quitará nada de (Deuteronomio 4:2; 12:32).

Jesús confirma las Leyes son para todas generaciones y serán eternamente usadas (Mateo 8:4, 26:19, Juan 7:10).

Acciones dicen más que las palabras y además que Jesús guardando las Leyes Eternas, Jesús también declara:

"No penséis que he venido para desatar la ley o los profetas; no he venido para desatarla, sino para cumplirla. Porque de cierto os digo, que hasta que perezca el cielo y la tierra, ni una jota ni una tilde perecerá de la Ley, hasta que todas las cosas sean cumplidas." (Mateo 5:17-18)

En conclusión, el Dios de Abrahán, los Profetas, y el Mesías todos dicen que las Leyes son inacabables. El piadoso tiene un enemigo – él quién lleva a las personas descaminado a través del letargo.

La corrección: Dios, a través del Corán Sagrado explica que es una combinación de fe y acciones que nos dan Salvación:

"La verdadera invocación es la que se dirige a Él. Los que invocan a otros, en lugar de invocarle a Él, no serán escuchados nada. Les pasará, más bien, como a quien, deseando alcanzar el agua con la boca, se contenta con extender hacia ella las manos y no lo consigue. La invocación de los infieles es inútil." (Corán 13:14)

El Sagrado Corán explica que las acciones son para nuestro beneficio:

"¡Creyentes! Cuando os dispongáis a hacer la azalá, lavaos el rostro y los brazos hasta el codo, pasad las manos por la cabeza y lavaos los pies hasta el tobillo. Si estáis en estado de impureza legal, purificaos. Y si estáis enfermos o de viaje, si viene uno de vosotros de hacer sus necesidades, o habéis tenido contacto con mujeres y no encontráis agua, recurrid a arena limpia y pasadla por el rostro y por las manos. Alá no quiere imponeros ninguna carga, sino purificaros y completar Su gracia en vosotros. Quizás, así seáis agradecidos." (Corán 5:6)

Dios no piensa ponerlo en dificultad pero sólo para hacerlos hombres y mujeres de disciplina propia y de mente excelente, y para ponerlo en un curso de pureza porque las acciones de hombres son los intérpretes más buenos de sus pensamientos. Él (Dios) quiere hacer toda las mercedes abundar en usted para que usted pueda actuarse esperanzadamente con el sentimiento de gratitud y agradecimiento y puedan alzar su vista interior.

El Corán nos enseña que Jesús sólo vino para clarificar la escritura anterior, no cambiarla, y él vino para promover la ley más importante – el rendirse completamente al culto de nuestro Creador:

"Cuando Jesús vino con las pruebas claras, dijo: «He venido a vosotros con la Sabiduría y para aclararos algo de aquello en que discrepáis. ¡Temed, pues, a Alá y obedecedme! Alá es mi Señor y Señor vuestro. ¡Servidle, pues! ¡Esto es una vía recta!»" (Corán 43:63-64)

53. ¿Predicadores o pobres?

Equivocación: Hay discordia en la Biblia sobre quién esta supuesto de recibir los diezmos...

Cuando un hombre rico le preguntó a Jesús, Jesús contestó:

"Le dice Jesús: Si quieres ser perfecto, anda, vende lo que tienes, y dalo a los pobres, y tendrás tesoro en el cielo." (Mateo 19:21)

También:

"Al cabo de cada tres años sacarás todo el diezmo de tus productos de aquel año, y lo guardarás por dentro de tus puertas. Y vendrá el levita, que no tiene parte ni heredad contigo, y el extranjero, y el huérfano, y la viuda, que hubiere en tus poblaciones, y comerán y serán saciados; para que el Señor tu Dios te bendiga en toda obra de tus manos que hicieres. (Deuteronomio 14:28-29).

Los diezmos fue para los pobres, las viudas, y los huérfanos. Pero en el Evangelio, Pablo demanda que él debe tomar los diezmos:

"Así también ordenó el Señor a los que anuncian el Evangelio, que vivan del Evangelio." (1 Corintios 9:14)

Ésta es una demanda falsa por Pablo porque en ningún momento en la Biblia Jesús o Dios ordena dar dinero a aquéllos que predican el Evangelio. Desgraciadamente parece que la Iglesia sigue más a Pablo que a Dios.

La excusa: Pablo estaba diciendo que él tomaría el dinero para redistribuirlo a los pobres.

La refutación: Pablo está diciendo claramente que aquéllos que predican deben ser pagado por él. Además, Jesús nunca dijo, "déme dinero para redistribuir a los pobres." En cambio, Jesús les enseñó a las personas a dar directamente a los pobres como hacen los musulmanes.

La corrección: Islám corrige estas leyes de hombre insertadas en la Biblia:

"(La caridad es) Para los pobres que están en la miseria por haberse dedicado a la causa de Alá y que no pueden desplazarse. El ignorante los cree ricos porque se abstienen. Les reconocerás por su aspecto. No piden a la gente inoportunamente. Y lo que hacéis de bien, Alá lo conoce perfectamente." (Corán 2:273)

"Por mucho amor que tuvieran al alimento, se lo daban al pobre, al huérfano y al cautivo: «Os damos de comer sólo por agradar a Alá. No queremos de vosotros retribución ni gratitud.»" (Corán 76:8-9)

La diferencia entre la Iglesia y la caridad islámica es que cantidades grandes de dinero se dejan con individuos en la Iglesia abriendo la oportunidad por consiguiente de la corrupción, mientras que en Islám, la mayoría de la caridad va directamente a los pobres.

54. ¿La carga de interés?

Equivocación: No le cobre el interés a nadie (Deuteronomio 23:19) *contra* cobre el interés a todos a excepción de los pobres (Éxodo 22:25).

La excusa: Puede haber sido difícil distinguir quién era pobre y la ley fue revisada para incluir a todos después.

La refutación: La Biblia da detalles específicos acerca de quién califica como una persona pobre con respecto al interés:

"Y cuando tu hermano empobreciere, y se acogiere a ti, tú lo recibirás; como peregrino y extranjero vivirá contigo. No tomarás usura de él, ni aumento; mas tendrás temor de tu Dios, y tu hermano vivirá contigo. No le darás tu dinero a usura, ni tus víveres a ganancia." (Levítico 25:35-37)

Consiguientemente, esta excusa se inhabilita de ser válido.

La corrección: El Corán Sagrado corrige las diferencias en la Biblia y nos enseña que la usura será prohibida para todas las personas, aun para tomarlo o darlo:

"Alá hace que se malogre la usura, pero hace fructificar la limosna. Alá no ama a nadie que sea infiel pertinaz, pecador." (Corán 2:276)

¡Creyentes! ¡Temed a Alá! ¡Y renunciad a los provechos pendientes de la usura, si es que sois creyentes!" (Corán 2:278)

"Por usurear, a pesar de habérseles prohibido, y por haber devorado la hacienda ajena injustamente. A los infieles de entre ellos les hemos preparado un castigo doloroso." (Corán 4:161)

"Lo que prestáis con usura para que os produzca a costa de la hacienda ajena no os produce ante Alá. En cambio, lo que dais de azaque por deseo de agradar a Alá... Ésos son los que recibirán el doble." (Corán 30:39)

55. ¿El cohecho es aprobado?

Equivocación: La Biblia promueve el soborno:

"Y yo os digo: Haceos amigos con las riquezas de maldad, para que cuando éstas falten, seáis recibidos en las moradas eternas.." (Lucas 16:9) *contra* "No recibirás presente; porque el presente ciega a los que ven, y pervierte las palabras de los justos." (Éxodo 23:8)

La excusa: Ninguno disponible.

La corrección: El soborno se prohíbe en todas las circunstancias como grabado en el Corán:

"No os devoréis la hacienda injustamente unos a otros. No sobornéis con ella a los jueces para devorar una parte de la hacienda ajena injusta y deliberadamente." (Corán 2:188)

56. El ayuno

Equivocación: El ayuno dura tres semanas (Daniel 10:2-3) *contra* el ayuno dura cuarenta días (Deuteronomio 9:9-18, Mateo 4:1-2)

No hay ninguna norma u horario consistente enseñado en la Biblia. Es obvio que los Profetas en la Biblia ayunaban. Dios dice en el Sagrado Corán que nosotros debemos "ser como ellos" pero no hay ninguna guía clara dentro de la Biblia acerca de cuánto tiempo uno debe ayunar.

La excusa: Ninguno disponible.

La corrección: Al contrario de la Biblia, el Santo Corán especifica el período de ayuno como ser un mes:

"Es el mes de ramadán, en que fue revelado el Corán como dirección para los hombres y como pruebas claras de la Dirección y del Criterio. Y quien de vosotros esté presente ese mes, que ayune en él. Y quien esté enfermo o de viaje, un número igual de días. Alá quiere hacéroslo fácil y no difícil. ¡Completad el número señalado de días y ensalzad a Alá por haberos dirigido! Quizás, así seáis agradecidos." (Corán 2:185)

Así es que el Corán Sagrado clarifica la fecha normal, el tiempo, la razón, y el método de ayunar, diferente a la Biblia.

57. *El destino del apóstata*

Equivocación: La Biblia demanda que si alguien se extravía de Dios, ellos están para siempre perdidos y deben ser matado:

"Porque es imposible que los que una vez recibieron la luz, y que gustaron aquel don celestial, y que fueron hechos partícipes del Espíritu Santo; y que así mismo gustaron la buena palabra de Dios, y las virtudes del siglo venidero, y recayeron, sean renovados de nuevo por arrepentimiento colgando en el madero otra vez para sí mismos al Hijo de Dios, y exponiéndolo a vituperio." (Hebreos 6:4-6)

Y

"Mas si el justo se apartare de su justicia, y cometiere maldad, e hiciere conforme a todas las abominaciones que el impío hizo; ¿vivirá él? Todas las justicias que hizo no vendrán en memoria; por su rebelión con que prevaricó, y por su pecado que cometió, por ellos morirá." (Ezequiel 18:24)

La excusa: Las escrituras más tarde señorean las escrituras anteriores

La refutación: Aquí los académicos bíblicos ignoran que la escritura siguiente también confirma que los apóstatas serán puesto a la muerte:

"Porque si pecáremos voluntariamente después de haber recibido el conocimiento de la verdad, ya no queda más sacrificio por el pecado, sino una horrenda esperanza de juicio, y hervor de fuego que ha de devorar a los adversarios. El que menospreciare la ley de Moisés, por el testimonio de dos o de tres testigos muere sin ninguna misericordia. ¿Cuánto pensáis que será más digno de mayor castigo, el que hollare al Hijo de Dios, y tuviere por inmunda la sangre del testamento en la cual fue santificado, e hiciere afrenta al Espíritu de gracia?." (Hebreos 10:26-29)

La corrección: Nuestro Señor Misericordioso muestra la benevolencia hacia aquéllos que se pierden en el error, dándole al apóstata más de una oportunidad para arrepentirse. El Corán no desecha las vidas humanas cruelmente como la Biblia aparece hacer:

"A quienes crean y luego dejen de creer, vuelvan a creer y de nuevo dejen de creer, creciendo en su incredulidad, Alá no está para perdonarles ni dirigirles por un camino." (Corán 4:137)

Además, en el Santo Corán, la muerte dado a los apóstatas es espiritual, dónde los que rechazan la fe pierden la guía de Dios:

"Porque primero creyeron y, luego, han descreído. Sus corazones han sido sellados, así que no entienden." (Corán 63:3)

Al contrario de la Biblia, el Corán enseña no hacerle daño a aquéllos que no nos hacen daño físicamente:

"No cabe coacción en religión. La buena dirección se distingue claramente del descarrío. Quien no cree en los tagutes* y cree en Alá, ese tal se ase del asidero más firme, de un asidero irrompible. Alá todo lo oye, todo lo sabe." (Corán 2:256)

*Tagut = un tirano, opresor, dios falso, ídolo

58. *La fe ciega*

Equivocación: La Biblia exige que las personas ciegas son profanos, así inhabilitado para ser sacerdotes:

"Y el Señor habló a Moisés, diciendo: Habla a Aarón, y dile: El varón de tu simiente en sus generaciones, en el cual hubiere falta, no se acercará para ofrecer el pan de su Dios. Porque ningún varón en el cual hubiere falta, se acercará: varón ciego, o cojo, o falto, o sobrado, o varón en el cual hubiere quebradura de pie o quebradura de mano, o jorobado, o lagañoso, o que tuviere nube en el ojo, o que tuviere sarna, o empeine, o testículo atrofiado. Ningún varón de la simiente de Aarón sacerdote, en el cual hubiere falta, se acercará para ofrecer las ofrendas encendidas del Señor. Hay falta en él; no se acercará a ofrecer el pan de su Dios. El pan de su Dios, de lo santísimo y de las cosas santificadas, comerá. Pero no entrará del velo adentro, ni se acercará al altar, por cuanto hay falta en él; y no ensuciará mi santuario, porque yo el Señor soy el que los santifico." (Levítico 21:16-23)

La excusa: Ninguno disponible.

La corrección: (Continúa desde 58-64)

59. ¿Lisiado?

Equivocación: La Biblia exige que las personas lisiadas son corrompidos, así inhabilitado de ser sacerdotes:

"Y el Señor habló a Moisés, diciendo: Habla a Aarón, y dile: El varón de tu simiente en sus generaciones, en el cual hubiere falta, no se acercará para ofrecer el pan de su Dios. Porque ningún varón en el cual hubiere falta, se acercará: varón ciego, o cojo, o falto, o sobrado, o varón en el cual hubiere quebradura de pie o quebradura de mano, o jorobado, o lagañoso, o que tuviere nube en el ojo, o que tuviere sarna, o empeine, o testículo atrofiado. Ningún varón de la simiente de Aarón sacerdote, en el cual hubiere falta, se acercará para ofrecer las ofrendas encendidas del Señor. Hay falta en él; no se acercará a ofrecer el pan de su Dios. El pan de su Dios, de lo santísimo y de las cosas santificadas, comerá. Pero no entrará del velo adentro, ni se acercará al altar, por cuanto hay falta en él; y no ensuciará mi santuario, porque yo el Señor soy el que los santifico." (Levítico 21:16-23)

La excusa: Ninguno disponible.

La corrección: (Continúa desde 58-64)

60. ¿Apariencia facial?

Equivocación: La Biblia exige que personas que tienen sus caras desfiguradas son corrompidos, así inhabilitado de ser sacerdotes:

"Y el Señor habló a Moisés, diciendo: Habla a Aarón, y dile: El varón de tu simiente en sus generaciones, en el cual hubiere falta, no se acercará para ofrecer el pan de su Dios. Porque ningún varón en el cual hubiere falta, se acercará: varón ciego, o cojo, o falto, o sobrado, o varón en el cual hubiere quebradura de pie o quebradura de mano, o jorobado, o lagañoso, o que tuviere nube en el ojo, o que tuviere sarna, o empeine, o testículo atrofiado. Ningún varón de la simiente de Aarón sacerdote, en el cual hubiere falta, se acercará para ofrecer las ofrendas encendidas del Señor. Hay falta en él; no se acercará a ofrecer el pan de su Dios. El pan de su Dios, de lo santísimo y de las cosas santificadas, comerá. Pero no entrará del velo adentro, ni se acercará al altar, por cuanto hay falta en él; y no ensuciará mi santuario, porque yo el Señor soy el que los santifico." (Levítico 21:16-23)

La excusa: Ninguno disponible.

La corrección: (Continúa desde 58-64)

61. ¿Pie herido?

Equivocación: La Biblia exige que personas con un pie herido son degradado, así que no pueden ser sacerdotes:

"Y el Señor habló a Moisés, diciendo: Habla a Aarón, y dile: El varón de tu simiente en sus generaciones, en el cual hubiere falta, no se acercará para ofrecer el pan de su Dios. Porque ningún varón en el cual hubiere falta, se acercará: varón ciego, o cojo, o falto, o sobrado, o varón en el cual hubiere quebradura de pie o quebradura de mano, o jorobado, o lagañoso, o que tuviere nube en el ojo, o que tuviere sarna, o empeine, o testículo atrofiado. Ningún varón de la simiente de Aarón sacerdote, en el cual hubiere falta, se acercará para ofrecer las ofrendas encendidas del Señor. Hay falta en él; no se acercará a ofrecer el pan de su Dios. El pan de su Dios, de lo santísimo y de las cosas santificadas, comerá. Pero no entrará del velo adentro, ni se acercará al altar, por cuanto hay falta en él; y no ensuciará mi santuario, porque yo el Señor soy el que los santifico." (Levítico 21:16-23)

La excusa: Ninguno disponible.

La corrección: (Continúa desde 58-64)

62. ¿Mano herida?

Equivocación: La Biblia exige que personas con una herida en la mano son degradado, así que no pueden de ser sacerdotes:

"Y el Señor habló a Moisés, diciendo: Habla a Aarón, y dile: El varón de tu simiente en sus generaciones, en el cual hubiere falta, no se acercará para ofrecer el pan de su Dios. Porque ningún varón en el cual hubiere falta, se acercará: varón ciego, o cojo, o falto, o sobrado, o varón en el cual hubiere quebradura de pie o quebradura de mano, o jorobado, o lagañoso, o que tuviere nube en el ojo, o que tuviere sarna, o empeine, o testículo atrofiado. Ningún varón de la simiente de Aarón sacerdote, en el cual hubiere falta, se acercará para ofrecer las ofrendas encendidas del Señor. Hay falta en él; no se acercará a ofrecer el pan de su Dios. El pan de su Dios, de lo santísimo y de las cosas santificadas, comerá. Pero no entrará del velo adentro, ni se acercará al altar, por cuanto hay falta en él; y no ensuciará mi santuario, porque yo el Señor soy el que los santifico." (Levítico 21:16-23)

La excusa: Ninguno disponible.

La corrección: (Continúa desde 58-64)

63. ¿Jorobado?

Equivocación: La Biblia exige que personas con una joroba son indecentes, así inhabilitado de ser sacerdotes:

"Y el Señor habló a Moisés, diciendo: Habla a Aarón, y dile: El varón de tu simiente en sus generaciones, en el cual hubiere falta, no se acercará para ofrecer el pan de su Dios. Porque ningún varón en el cual hubiere falta, se acercará: varón ciego, o cojo, o falto, o sobrado, o varón en el cual hubiere quebradura de pie o quebradura de mano, o jorobado, o lagañoso, o que tuviere nube en el ojo, o que tuviere sarna, o empeine, o testículo atrofiado. Ningún varón de la simiente de Aarón sacerdote, en el cual hubiere falta, se acercará para ofrecer las ofrendas encendidas del Señor. Hay falta en él; no se acercará a ofrecer el pan de su Dios. El pan de su Dios, de lo santísimo y de las cosas santificadas, comerá. Pero no entrará del velo adentro, ni se acercará al altar, por cuanto hay falta en él;

y no ensuciará mi santuario, porque yo el Señor soy el que los santifico."
(Levítico 21:16-23)

La excusa: Ninguno disponible.

La corrección: (Continúa desde 58-64)

64. ¿Crecimiento restringido?

Equivocación: La Biblia exige que personas con un crecimiento restringido son indecentes, así inhabilitado de ser sacerdotes:

"Y el Señor habló a Moisés, diciendo: Habla a Aarón, y dile: El varón de tu simiente en sus generaciones, en el cual hubiere falta, no se acercará para ofrecer el pan de su Dios. Porque ningún varón en el cual hubiere falta, se acercará: varón ciego, o cojo, o falto, o sobrado, o varón en el cual hubiere quebradura de pie o quebradura de mano, o jorobado, o lagañoso, o que tuviere nube en el ojo, o que tuviere sarna, o empeine, o testículo atrofiado. Ningún varón de la simiente de Aarón sacerdote, en el cual hubiere falta, se acercará para ofrecer las ofrendas encendidas del Señor. Hay falta en él; no se acercará a ofrecer el pan de su Dios. El pan de su Dios, de lo santísimo y de las cosas santificadas, comerá. Pero no entrará del velo adentro, ni se acercará al altar, por cuanto hay falta en él; y no ensuciará mi santuario, porque yo el Señor soy el que los santifico."
(Levítico 21:16-23)

La excusa: Ninguno disponible.

La corrección: El Corán corrige la Biblia en eso porque no da diferencia con respecto al formulario físico de un humano y su benevolencia.

Además, si no pueden cumplirse ciertos ritos debido a las limitaciones físicas de una persona, el Corán Sagrado exenta al individuo de cualquier culpa y estas personas se prometen el Paraíso al igual así como otros creyentes:

"No hay por qué reprochar al ciego, al cojo o al enfermo. Y a quien obedezca a Alá y a Su Enviado, Él le introducirá en jardines por cuyos bajos fluyen arroyos. A quien, en cambio, vuelta la espalda, Él le infligirá un castigo doloroso." (Corán 48:17)

65. ¿Primogénito?

Equivocación: La Biblia enseña a las personas a sacrificar sus hijos primogénitos:

"No dilatarás la primicia de tu cosecha, ni de tu licor, me darás el primogénito de tus hijos." (Éxodo 22:29)

Aunque la Biblia relata que esta ley nunca fue seguida, en cambio la tribu de Levi fue sacrificada (Números 3:12). Aunque no fue seguida, es una sugerencia hórrida.

La excusa: Ninguno disponible.

La corrección: El Corán enseña que sólo dioses falsos hacen tal pedidos malos. Dios es el más Poderoso y nunca necesita sacrificar a personas por otros pero en cambio Dios puede hacer lo que Él agrada sin condenar inocentes como un sacrificio:

"Así, los que ellos asocian han hecho creer a muchos asociadores que estaba bien que mataran a sus hijos. Esto era para perderles a ellos mismos y oscurecerles su religión. Si Alá hubiera querido, no lo habrían, hecho. Déjales, pues, con sus invenciones." (Corán 6:137)

"Saldrán perdiendo quienes, sin conocimiento, maten a sus hijos tontamente y que, inventando contra Alá, prohíban aquello de que Alá les ha proveído. Están extraviados, no están bien dirigidos." (Corán 6:140)

66. ¿La poligamia?

Equivocación: Hay una confusión seria en la Biblia con respecto a la poligamia. La poligamia fue una norma de los cristianos por muchos siglos después de Jesús. La poligamia no se prohibió hasta el siglo 19 y todavía es común por algunas sectas cristianas hoy.

El problema de la Biblia es que la legalidad de la poligamia es incierta:

La poligamia es aprobada (2 Samuel 12:8) *contra* la poligamia no es aprobada (Deuteronomio 17:17).

Los Profetas polígamo en la Biblia fueron Abrahán (Génesis 16:3), Jacob (Génesis 16; 29:30), David (2 Samuel 3: 2-6; 12:8), y Salomón (1 Reyes 11:1-8).

La excusa: Varios académicos bíblicos tienen opiniones diferentes sobre este tema dependiendo su inclinación cultural. Incluso todavía hay hasta este día, cristianos que defienden la poligamia.

La refutación: Debido al pacto eterno que fue hecho con Abrahán, un polígamo, junto con otros Profetas benditos, es imposible de clasificar la poligamia como prohibido. Algunos de los hombres más virtuosos en la tierra compartieron de él.

La corrección: El Santo Corán, diferente a la Biblia, da las reglas claras con respecto a la poligamia:

"Si teméis no ser equitativos con los huérfanos, entonces, casaos con las mujeres que os gusten: dos, tres o cuatro. Pero. si teméis no obrar con justicia, entonces con una sola o con vuestras esclavas. Así, evitaréis mejor el obrar mal." (Corán 4:3)

Al contrario del número variante de esposas de Profetas diferentes en la Biblia (1 Reyes 11:3), el Corán Sagrado limita el número de esposas a cuatro (con condiciones), declarando que si usted no puede tratar a las cuatro esposas igualmente, entonces sólo cásese con una porque eso es lo más justo.

67. ¿Declarar un juramento?

Equivocación: Haciendo un juramento es aprobado (Deuteronomio 6:13, Números 30:2, hebreos 6:13) *contra* haciendo un juramento no es aprobado (Mateo 5:34, Santiago 5:12)

La excusa: 1) Tomando un juramento fue permitido antes de Jesús. Más luego Jesús lo abolió. 2) Hay diferentes tipos de juramentos y Jesús prohibió los frívolos.

La refutación: 1) Jesús no prohibió los juramentos porque él mismo (enseñando por ejemplo), tomó un juramento en Mateo 26:63-64. 2) Jesús y su hermano Santiago no dijeron 'algunos juramentos' o 'ciertos juramentos,' ambos hombres claramente dijeron "todos los juramentos."

"Mas yo os digo: No juréis en ninguna manera; ni por el cielo, porque es el trono de Dios." (Mateo 5:34)

Y

"También hermanos míos, ante todas las cosas no juréis, ni por el cielo, ni por la tierra, ni por otro cualquier juramento; mas vuestro sí sea sí; y vuestro no, no; para que no caigáis en condenación." (Santiago 5:12)

La corrección: Haciendo un juramento no es un pecado, a menos que uno lo hace mientras teniendo la intención de romperlo. El Corán aclara el desorden creado por los escritores de la Biblia:

"Alá no os tendrá en cuenta la vanidad de vuestros juramentos, pero sí el que hayáis jurado deliberadamente. Como expiación, alimentaréis a diez pobres como soléis alimentar a vuestra familia, o les vestiréis, o manumitiréis a un esclavo. Quien no pueda, que ayune tres días. Cuando juréis, ésa será la expiación por vuestros juramentos. ¡Sed fieles a lo que juráis! Así os explica Alá Sus aleyas. Quizás, así, seáis agradecidos." (Corán 5:89)

68. ¿Palabras agradables?

Equivocación: ¿Podemos tener apodos para otros?

Cualquiera que llama otro un tonto es expuesto al Infierno (Mateo 5:22) *contra* "[Jesús hablando] "¡Necios y ciegos!" (Mateo 23:17)

La excusa: Eso es lo que dice pero eso no es lo que significa. La palabra 'tonto' tiene significados diferentes en estos pasajes diferentes.

La refutación: (Vea la carta de la Contestación [E] en el Mapa de la Refutación). La palabra 'necio' o 'tonto' no tiene ningún significado dual. Si la frase se dice enojadamente o suavemente, (Jesús hizo ambos), la palabra todavía tiene el mismo significado.

La corrección: El Corán Sagrado nos enseña claramente y de forma consistente a no calumniar a otros:

"¡Creyentes! ¡No os burléis unos de otros! Podría ser que los burlados fueran mejores que los que se burlan. Ni las mujeres unas de otras. Podría ser que las burladas fueran mejores que las que se burlan. ¡No os critiquéis ni os llaméis con motes ofensivos! ¡Mala cosa es ser llamado 'perverso' después de haber recibido la fe! Los que no se arrepienten, ésos son los impíos." (Corán 49:11)

69. ¿Esclavizando a niños?

Equivocación: La Biblia permite la venta de sus propios niños para ser esclavos y mantiene la legislación para tal transacción:

"Y cuando alguno vendiere su hija por sierva, no saldrá como suelen salir los siervos. Si no agradare a su señor, por lo cual no la tomó por esposa, se permitirá que se rescate, y no la podrá vender a pueblo extraño cuando la desechare." (Éxodo 21:7-8)

La excusa: Ninguno disponible.

La corrección: El Corán Sagrado prohíbe a que la gente esclavicen a otros seres humanos:

"No está bien que un mortal a quien Alá da la Escritura, el juicio y el profetismo, vaya diciendo a la gente: «¡Sed siervos míos y no de Alá!» Antes bien: «¡Sed maestros, puesto que enseñáis la Escritura y la estudiáis!»." (Corán 3:79)

Segundo, el Santo Corán enseña proteger a sus niños y no desampararlos por el dinero:

"¡No matéis a vuestros hijos por miedo a empobreceros! Somos Nosotros Quienes les proveemos, y a vosotros también. Matarles es un gran pecado." (Corán 17:31)

70. ¿Riéndose es legal?

Equivocación: La risa es aceptado (Proverbios 17:22) *contra* la risa es desaprobado (Eclesiastés 7:3-4).

La excusa: Hay un tiempo para reírse y hay un tiempo para llorar (Eclesiastés 3:1-4).

La refutación: Esta declaración está correcta pero la excusa está equivocada. Ambos pasajes no dicen 'algunas risas' o 'la risa a cierto tiempo.' En cambio, el contexto está claro; la risa te dirige a la tristeza, y no al revés:

"Mezclada anda la risa con el llanto; el término del gozo el dolor." (Proverbios 14:13)

Se resume que la Biblia prefiere a las personas tristes aquí:

"Allegaos a Dios, y él se allegará a vosotros. Pecadores, limpiad las manos; y vosotros los de doble ánimo, purificad los corazones. Afligíos, y lamentad, y llorad. Vuestra risa se convierta en lloro, y vuestro gozo en tristeza. Humillaos delante de la presencia del Señor, y él os ensalzará." (Santiago 4:8-10)

La corrección: Mientras Dios prefiere el infeliz en la Biblia, Dios en el Corán clarifica que la risa y la tristeza es todo una parte de las bendiciones que Dios proporciona a los seres humanos:

"Que es Él Quien hace reír y hace llorar." (Corán 53:43)

71. ¿Hablando con otros?

Equivocación: No le diga nada a un no-creyente (2 Juan 1:10-11) *contra* siempre conteste al no-creyente (1 Pedro 3:15)

La excusa: Estos dos pasajes están hablando de dos grupos diferentes.

La refutación: La única diferencia está en los autores de ambos pasajes que expresan claramente a todos y no limita las leyes del habla a un grupo selecto.

La corrección: Sobre discusiones teológicas, no nos piden que nos condenemos al ostracismo como dice la Biblia. Al contrario, Dios nos dice que encontremos a los no-creyentes:

"Llama al camino de tu Señor con sabiduría y buena exhortación. Discute con ellos de la manera más conveniente. Tu Señor conoce mejor que nadie a quien se extravía de Su camino y conoce mejor que nadie a quien está bien dirigido." (Corán 16:125)

72. Comportamiento con misioneros

Equivocación: La Biblia enseña que misioneros de otras religiones deben ser puesto a la muerte:

"Y el tal profeta o soñador de sueños, morirá; por cuanto habló rebelión contra el Señor vuestro Dios, que te sacó de tierra de Egipto, y te rescató de casa de servidumbre, para echarte del camino por el que el Señor tu Dios te mandó que anduvieses; y quitarás el mal de en medio de ti." (Deuteronomio 13:5)

La excusa: Ninguno disponible.

La corrección: Dios nos reveló en el Santo Corán a tolerar y hasta proteger a las personas de otras fes. Si misioneros intentan convertirnos a otra religión, nosotros somos responder educadamente:

"Yo no sirvo lo que vosotros servís, Y vosotros no servís lo que yo sirvo. Yo no sirvo lo que vosotros habéis servido. Y vosotros no servís lo que yo sirvo. Vosotros tenéis vuestra religión y yo la mía." (Corán 109:2-6)

También, nosotros tenemos el deber de proteger personas de diversas religiones, como dice el Corán Santo:

"Si uno de los asociadores (los politeístas, no-creyentes) te pide protección concédesela, para que oiga la Palabra de Alá. Luego, facilítale la llegada a un lugar en que esté seguro. Es que son gente que no sabe." (Corán 9:6)

73. ¿Regálelo todo?

Equivocación: La Biblia enseña a las personas a ser un gastador demasiado filantrópico:

"Y a cualquiera que te pidiere, da; y al que tomare lo que es tuyo, no pidas que te lo devuelva." (Lucas 6:30)

La excusa: Jesús nunca dijo "délo todo."

La refutación: Realmente, Jesús dijo, "délo todos;" cuando una persona piadosa que guardaba todos los mandamientos (Lucas 18:21) le preguntó a Jesús cómo lograr la vida eterna, Jesús contestó que la única cosa que el faltaba era:

"Y Jesús, oído esto, le dijo: Aún te falta una cosa: vende todo lo que tienes, y dalo a los pobres, y tendrás tesoro en el cielo..." (Lucas 18:22)

Además, con respecto a guardando tesoros en la tierra, Jesús dijo:

"Pero os digo, que más liviano trabajo es pasar un camello por el ojo de una aguja, que el rico entrar en el Reino de Dios." (Mateo 19:24)

Pedro confirma que los discípulos regalaron todo que tenían:

"Entonces respondiendo Pedro, le dijo: He aquí, nosotros hemos dejado todo, y te hemos seguido; ¿qué pues tendremos?" (Mateo 19:27)

Y Jesús de nuevo reafirma que por regalar todo que ellos tenían, ellos se premiarán en el Cielo:

"Y Jesús les dijo: De cierto os digo, que vosotros que me habéis seguido, en la regeneración, cuando se sentará el Hijo del hombre en el trono de su gloria, vosotros también os sentaréis sobre doce tronos, para juzgar a las doce tribus de Israel." (Mateo 19:28)

Por consiguiente, Jesús enseñó el virtuoso que tiene que darlo todo.

La corrección: El Corán quita el error de esta ley arruinadora en la Biblia declarando:

"Da lo que es de derecho al pariente, así como al pobre y al viajero, pero sin prodigarte demasiado." (Corán 17: 26)

"Cuando gastan, no lo hacen con prodigalidad ni con tacañería, el término medio es lo justo." (Corán 25:67)

74. *El desprecio del sermón*

Equivocación: En la Biblia, el que discute con un sacerdote será puesto a la muerte:

"Y el hombre que procediere con soberbia, no escuchando al sacerdote que está para ministrar allí delante del Señor tu Dios, o al juez, el tal varón morirá; y quitarás el mal de Israel." (Deuteronomio 17:12)

La excusa: Ninguno disponible.

La corrección: Al contrario de la Biblia, el Corán anima la libertad del discurso. El Corán muestra que hasta las mujeres incluso pueden debatir con el Profeta:

"Alá ha oído lo que decía la que discutía contigo (Mohamet) a propósito de su esposo y que se quejaba a Alá. Alá (siempre) oye vuestro diálogo. Alá todo lo oye, todo lo ve." (Corán 58:1)

75. *¿Obedezca a los padres en todos?*

Equivocación: Obedezca a sus padres en todos casos (Colosenses 3:20) *contra* no obedezca a sus padres en todas las cosas (Mateo 10:37).

La excusa: Usted debe entender el contexto del verso. Colosenses 3:20 piensa decir "todas las cosas que agradan al Señor."

La refutación: Lo que se piensa y lo que se dice está en los ojos del intérprete. Nosotros sabemos que estructuralmente, el pasaje dice que no importa lo que los padres le dicen que haga, Dios se agradará porque usted los obedeció.

La corrección: El Santo Corán claramente da límites para obedecer a nuestros padres. Se ordena bondad en todos casos para nosotros hacia nuestros padres. Pero no tenemos que obedecer a nuestros padres si obedeciéndolos choca con obedecer a Dios, El Omnipotente, porque las órdenes de Dios siempre serán obedecido anteriormente de las órdenes de nuestros padres.

"Hemos ordenado al hombre con respecto a sus padres -su madre le llevó sufriendo pena tras pena y le destetó a los dos años-: «Sé agradecido conmigo y con tus padres. ¡Soy Yo el fin de todo! Pero, si te insisten en que Me asocies aquello de que no tienes conocimiento, ¡no les obedezcas! En la vida de acá ¡pórtate amablemente con ellos! ¡Sigue el camino de quien vuelve a Mí arrepentido! Luego, volveréis a Mí y ya os informaré de lo que hacíais»." (Corán 31:14-15)

76. ¿Israel es condicional?

Equivocación: Israel se da a los judíos sin condición (Génesis 12:1-3) *contra* hay condiciones (Deuteronomio 31:16–17).

La excusa: La promesa eterna es para los descendientes futuros de Abrahán apareciendo en el momento del retorno de Cristo.
La refutación: El contexto muestra que la promesa nunca era condicional. Siempre era condicional así como Adán y Eva en el Jardín de Edén era condicional. ¿Por qué permitiría Dios a los judíos tener una estancia incondicional y no darle las mismas bendiciones de nuestros padres antepasados? Segundo, sabemos que las condiciones son del presente y no el tiempo futuro debido a los castigos que les ocurrieron a los judíos:

"Entonces Samuel le dijo: el Señor ha desgarrado hoy de ti el reino de Israel, y lo ha dado a tu prójimo mejor que tú." (1 Samuel 15:28)

La corrección: El Corán enseña que Dios es un Dios Justo e Imparcial que nos da responsabilidad. Dios no les permite incondicionalmente pecar como la Biblia sugiere. Incluso el pacto con Abrahán era condicional porque Dios no da bendiciones a los que hacen maldad:

"Y cuando su Señor probó a Abrahán con ciertas órdenes. Al cumplirlas, dijo: «Haré de ti guía para los hombres». Dijo: «¿Y de mi descendencia?» Dijo: "Mi alianza no incluye a los impíos"." (Corán 2:124)

"Si volvéis la espalda... yo ya os he comunicado aquello con que he sido enviado a vosotros. Mi Señor hará que os suceda otro pueblo y no podréis hacerle ningún daño. ¡Mi Señor todo lo vigila!" (Corán 11:57)

77. ¿El incesto es permitido?

Equivocación: Incesto prohibido (Levítico 18:6; 20:17) *contra* el incesto es permitido (Génesis 19:30-38).

La excusa: La estancia larga de Lot con la gente de Sodom corrompió su juicio y la narrativa no aprueba del incesto.

La refutación: Primeramente, las influencias medioambientales no son una excusa para lo que cuenta la Biblia sobre el Profeta Lot. Segundo, la Biblia endosa el incesto inadvertidamente porque el trío no fue atormentado. En cambio ellos engendraron las grandes naciones de Moab y Ammón.

La corrección: Primero, el Corán no confirma este cuento degradante del Profeta Lot. Segundo, el Corán denuncia el incesto claramente sin conflicto:

"En adelante, os están prohibidas (en matrimonio) vuestras madres, vuestras hijas, vuestras hermanas, vuestras tías paternas o maternas, vuestras sobrinas por parte de hermano o de hermana, vuestras madres de leche, vuestras hermanas de leche, las madres de vuestras mujeres, vuestras hijastras que están bajo vuestra tutela, nacidas de mujeres vuestras con las que habéis consumado el matrimonio -si no, no hay culpa-, las esposas de vuestros propios hijos, así como casaros con dos hermanas a un tiempo. Alá es indulgente, misericordioso." (Corán 4:23)

78. Los derechos del hombre divorciado

Equivocación: Uno de los problemas en la Biblia es la condenación de hombres divorciados. Cuando un hombre ha estado con una mujer (en una relación matrimonial) el hombre divorciado naturalmente desea volver a casarse. Pero la Biblia dice que el matrimonio a un hombre divorciado es punible por muerte:

"Y les dice: Cualquiera que repudiare a su mujer, y se casare con otra, comete adulterio contra ella." (Marcos 10:11)

En este verso Jesús iguala el divorcio con el adulterio y el adulterio era punible con a la muerte.

La excusa: Ninguno disponible.

La corrección: El Corán Sagrado corrige este encierro de la Biblia declarando que es permisible para los hombres divorciados volver a casarse:

"El repudio se permite dos veces. Entonces, o se retiene a la mujer tratándola como se debe o se la deja marchar de buena manera. No os es lícito (para los hombres) recuperar nada de lo que les disteis, a menos que las dos partes teman no observar las leyes de Alá. Y, si teméis (jueces) que no observen las leyes de Alá, no hay inconveniente en que ella obtenga su libertad indemnizando al marido. Éstas son las leyes de Alá, no las violéis. Quienes violan las leyes de Alá, ésos son los impíos."

"Si la repudia (la tercera vez), ésta ya no le será permitida sino después de haber estado casada con otro. Si este último la repudia. no hay inconveniente en que aquéllos vuelvan a reunirse, si creen que observarán las leyes de Alá. Éstas son las leyes de Alá Las explica a gente que sabe." (Corán 2:229-30)

Así que no es pecado ser divorciado y volver a casarse para el hombre o la mujer.

(V.)La Historia

79. La sentencia de Adán

Equivocación: Adán fue sentenciado a morirse el día que él comió del árbol prohibido. (Génesis 2:17) *contra* Adán vivió 930 años (Génesis 5:5).

La excusa: 1) Adán murió una muerte espiritual. 2) Adán empezó a morirse despacio físicamente.

La refutación: 1) Adán no murió una muerte espiritual o una muerte física después de comer del árbol porque:

Adán todavía hablaba con Dios después de comer del árbol demostrando una vida espiritual (Génesis 3:9-22).

Adán y Eva tuvieron niños demostrando una vida espiritual (Génesis 4:1).

Los descendientes de Adán fueron bendecidos demostrando una vida espiritual (Génesis 6:18).

Adán fue llamado 'hijo de Dios' demostrando una vida espiritual (Lucas 3:38).

Jesús se llamó el segundo Adán demostrando la vida espiritual (1 Corintios 15:45).

2) Viviendo por casi un milenio muestra que Adán tenía mucha vida física. Además, Dios no dijo "usted empezará a morir." En cambio la declaración era "El árbol de la ciencia del bien y del mal, no comerás de él; porque el día que de él comieres, morirás." (Génesis 2:17). Para concluir, la Biblia no habla de una muerte eventual – Dios no dijo que Adán morirá un milenio después. En cambio Dios dijo que Adán moriría ese mismo día. Por último, en el contexto Bíblico, nosotros sabemos que cuando Dios dice, "usted se morirá," Dios significa una muerte física instantánea. Por ejemplo:

A) "Mis sábados guardaréis, y mi santuario tendréis en reverencia. Yo soy el Señor." (Levítico 19:30)
B) "Y estando los hijos de Israel en el desierto, hallaron un hombre que recogía leña en día de sábado." (Números 15:32)
C) "Y el Señor dijo a Moisés: Irremisiblemente muera aquel hombre; apedréelo con piedras toda la congregación fuera del campamento." (Números 15:35)

En conclusión, en la primera mitad de la Biblia, desobedeciendo a Dios trae la muerte física inmediata, no un milenio de vida fructífera larga.

La corrección: El Corán Sagrado explica que Adán fue causado caerse de un estado a otro; de hecho, el Corán confirma de forma consistente que Adán fue mantenido en la tierra por un tiempo fijo:

"Pero el Demonio les hizo caer, perdiéndolo, y les sacó del estado (feliz) en que estaban. Y dijimos: «¡Descended! Seréis enemigos unos de otros. La tierra será por algún tiempo vuestra morada y lugar de disfrute»." (Corán 2:36)

80. *La conciliación de Adán*

Equivocación: Según la Biblia, Adán no se perdonó a lo largo de su vida por comer del árbol prohibido. Adán se retrata en la Biblia como un pecador no arrepintiéndose a lo largo de su vida. Porque Adán desobedeció a Dios, Adán y todos los hombres y mujeres después de Adán fueron maldecido y arrojado del paraíso. Vemos incluso después que Jesús vino y dejó el mundo, Pablo todavía hablaba de un Adán maldito:

"Porque por cuanto la muerte entró por un hombre, también por un hombre la resurrección de los muertos. Porque de la manera que en Adán todos mueren, así también en el Cristo todos serán vivificados." (Romanos 5:12, 14; 1 Corintios 15:21-22)

Además, la Biblia tiene ningún registro de Adán arrepintiéndose. Pero absurdamente la Biblia dice que Dios se arrepintió por hacer a Adán en Génesis 6:6. Así que la Biblia retrógradamente dice que era Dios que se arrepintió en lugar de Adán quien lo desobedeció.

La excusa: Ninguno disponible.

La corrección: El Corán Sagrado corrige los pasajes regresivos que se encuentran dentro de la Biblia, clarificando que fue Adán y no Dios que se arrepintió. De tal manera, Dios en el Corán proporciona la conciliación que concedió a Adán y a sus descendientes para tener una comunicación continuada con Dios:

"Adán recibió palabras de su Señor y Éste se volvió a él. Él es el Indulgente, el Misericordioso. Dijimos: ¡Descended todos de él! Si. pues, recibís de Mí una dirección, quienes sigan Mi dirección no tendrán que temer y no estarán tristes!" (Corán 2:37-38)

81. *La maldición de Babilonia*

Equivocación: Según la Biblia, el mundo entero hablaba un idioma. Estas personas antiguas estaban intentando construir una torre para ver a Dios. Dios los advirtió dejar de construir la torre, todavía ellos desobedecieron Dios y continuaron en su maldad.

Como castigo para su desobediencia, Dios puso una maldición sobre ellos haciéndoles todos hablar un idioma diferente. Esta torre se llama ahora "la Torre de Babel" (Génesis 11:9).

Según la Biblia, nosotros todavía estamos afligidos con esta maldición porque los seguidores de la Biblia en el mundo entero todavía se rinden al culto de Dios en varios idiomas y recitan la Biblia en lenguas diversas. Los seguidores de la Biblia todavía no se rinden al culto de Dios en unisón:

"Porque entonces volveré yo a los pueblos el lenguaje puro, para que todos invoquen el nombre del Señor, para que de un solo consentimiento le sirvan." (Sofonias 3:9)

En el Diccionario de la Biblia Strong (Strong's Bible Dictionary), la palabra 'idioma' en hebreo (safah) en este verso también puede significar lado, orilla, frontera, etc.

Consiguientemente, Sofonias 3:9 tiene el significado doble: "entonces volveré yo a los pueblos una dirección" – algo que los seguidores de la Biblia no hacen. Cada iglesia en el mundo entero están desorganizado según sus direcciones.

La excusa: Ninguno disponible.

La corrección: El Corán Sagrado fue revelado y conservado en su idioma original como una misericordia de Dios. Si los seres humanos devuelven al puro monoteísmo y obediencia a Dios, entonces la maldición de Babel está eliminado.

El Corán quita la maldición de Babel inspirando al mundo de creyentes recitar y orar usando las palabras de Dios en el idioma árabe melódico. Esto es asombrante porque subsecuentemente sólo un 20% de todos musulmanes son árabes y hay casi 1.5 mil millones musulmanes mundial. Todos están unidos con un idioma, orando en unisón como predicho en la Biblia y cumplido a través del Corán.

En conclusión, a través del poder, la grandeza, y la verdad del Corán, la maldición descrito en la Biblia está borrándose. La Biblia no cura la maldición de Babel porque la Biblia se acepta en todos idiomas, mientras extendiendo la maldición de Babel y diluyendo el mensaje original de Dios. El Corán, mientras tanto, permanece en su idioma original, auténtico, y libre de mal dichos.

En diez versos diferentes el Corán Sagrado declara que el Corán se envió en la lengua árabe. Por tal razón se conserva, miles memorizándolo y recitándolo en el árabe para proteger la escritura de traducciones malas.

"Es un Corán árabe, exento de recovecos. Quizás, así, teman a Alá." (Corán 39:28)

Además del puro idioma, el Corán también el confirma el sentido doble de Sofonias 3:9 porque nosotros damos testimonio que todos los musulmanes ponen sus rostros hacia la sagrada ciudad cuando rezan. Así es como nosotros los musulmanes quitamos la maldición de Babel, orando en una dirección y rindiéndonos al culto de Dios en un idioma.

82. *El diluvio de Noé (Mundial o Local)*

Equivocación: La Biblia exige que el diluvio de Noé ahogó al mundo entero:

"Y murió toda carne que anda arrastrándose sobre la tierra, en las aves, y en las bestias, y en los animales, y en toda criatura que anda arrastrándose sobre la tierra, y en todo hombre; todo lo que tenía aliento de espíritu de vida en sus narices, de todo lo que había en la tierra, murió. Así rayó toda la sustancia que había sobre la faz de la tierra, desde el hombre hasta la bestia, hasta el animal, y hasta el ave del cielo;

y fueron raídos de la tierra; y quedó solamente Noé, y los que con él estaban en el arca." (Génesis 7:21-23)

Además que esto es un castigo colectivo injusto hacia la raza humana, la Biblia también choca con la historia. Al mismo tiempo del diluvio, había civilizaciones prósperas como la undécima dinastía de Egipcio y la tercera dinastía de Babilonia en Ur.

La excusa: La historia de un gran diluvio se dice por los griegos, los hindúes, los chinos, los mexicanos antiguos, los algonquines (indígenas de los Estados Unidos), y los hawaianos. También, una lista de los reyes Sumerios también trata el diluvio como un evento real.

La refutación: Si había un diluvio y los parientes de Noé eran los únicos sobrevivientes, no había nadie en ningún local que pudo contar la historia entonces. Nosotros tenemos que admitir que estas historias mundiales no demuestran que el diluvio ocurrió en todos estos lugares porque entonces la vida habría cesado por más de un año, mientras no dejando a ninguna otra cultura para contar la historia, según la Biblia.

La corrección: Al contrario, el Corán menciona eventos de inundaciones infligido a grupos específicos que violaban las leyes de Dios. Esto se ve en Corán 25: 35-40:

"Dimos a Moisés la Escritura y pusimos a su hermano Aarón como ayudante suyo. Y dijimos: «¡Id al pueblo que ha desmentido Nuestros signos!» Y los aniquilamos. Y al pueblo de Noé. Cuando desmintió a los enviados, le anegamos e hicimos de él un signo para los hombres. Y hemos preparado un castigo doloroso para los impíos. A los aditas, a los tamudeos, a los habitantes de ar-Rass y a muchas generaciones intermedias... A todos les dimos ejemplos y a todos les exterminamos. Han pasado por las ruinas de la ciudad sobre la que cayó una lluvia maléfica. Se diría que no la han visto, porque no esperan una resurrección." (Corán 25: 35-40)

El Corán 7:59 a 93 contiene un recordatorio de los castigos traído a las gente de Noé, a los aditas, los tamudeos, la gente de Lot (los sodomitas) y los Madianitas respectivamente. Como resultado, el Corán rescata la Biblia con respecto a la narración del diluvio.

83. ¿Un par o siete pares?

Equivocación: Noé toma un par de animales hacia el arca (Génesis 6:19) *contra* Noé tomas siete de cada tipo de animal hacia el arca (Génesis 7:2-3).

La excusa: Primero, Génesis 7:2-3 está hablando de siete animales limpios y Génesis 6:19 está hablando de un par de animales sucios. Segundo, los animales limpios iban ser sacrificados, mientras que los animales sucios fueron para ser guardados vivos. Había más de los animales limpios tomado a borde por eso.

La refutación: Primero Génesis 6:19 dice que Noé tuvo que tomar un par de cada tipo de animal, y no hizo diferencia entre los animales limpios o los sucios como los apologéticos asumen. Segundo, Noé estaba a borde del arca por más de un año (Génesis 8: 15–17) dándole tiempo amplio para todos los animales, sean limpio o sucio, para multiplicarse. Así que esto invalida la necesidad de tomar más de cualquier tipo de animal en particular. Por último, también los siete pares de cada animal limpio estaba supuesto de mantenerse vivo porque Génesis 7:2 dice; "siete cada uno de cada animal limpio, un varón y su hembra." Esto clarifica que ellos estaban supuesto de engendrar y quedarse vivo.

La corrección: Sensiblemente, siete pares de diferentes especies habrían sido excesivos, especialmente ya que ellos sobrevivieron por todas las estaciones en el mar dónde ciertamente iban engendrar. El Corán corrige la cantidad discordante de animales notada en la Biblia declarando:

"Hasta que, cuando vino Nuestra orden y el horno hirvió, dijimos: «Carga en ella a una pareja de cada especie, a tu familia -salvo a aquél cuya suerte ha sido ya echada- y a los creyentes»,. Pero no eran sino pocos los que con él creían." (Corán 11:40)

84. ¿El primero para ascender?

Equivocación: Nadie ha ascendido al cielo ante de Jesús (Juan 3:13) *contra* Elías ascendió al cielo (2 Reyes 2:11).

La excusa: Eso es lo que dice pero eso no es lo que significa. Jesús quiere decir que nadie fue al cielo y volvió con un mensaje ante él.

La refutación: (Vea la carta de Contestación [E] en el Mapa de la Refutación). Ésta es una inserción por los apologéticos sin base en el contexto o significado del pasaje. Además, esta excusa es infundado e incorrecto porque Elías muestro dentro de la Biblia que él ascendió al cielo y volvió de hecho con un mensaje ante Jesús:

"Mas os digo que ya vino Elías, y no le conocieron; antes hicieron con él todo lo que quisieron; así también el Hijo del hombre padecerá de ellos." (Mateo 17:12)

La corrección: Al contrario de la Biblia contradictoria, el Corán Noble confirma que otros ante de Jesús han ascendido al cielo:

"Y (los genios [los yinn] que escucharon al Corán dijeron): 'Hemos palpado el cielo y lo hemos encontrado lleno de guardianes severos y de centellas'." (Corán 72:8)

85. _La profecía de José_

Equivocación: La Biblia manifiesta una profecía incumplida acerca del sueño de José:

"Y soñó aún otro sueño, y lo contó a sus hermanos, diciendo: He aquí que he soñado otro sueño, y he aquí que el sol y la luna y once estrellas se inclinaban a mí." (Génesis 37:9)

Aunque la Biblia menciona al sueño del Profeta José, la Biblia nunca muestras que su sueño se cumplió. La razón por qué la Biblia no completa el sueño de José es debido a una sucesión irreconciliable de eventos.

En la Biblia, la madre del Profeta José supuestamente se murió cuando ella dio a luz a Benjamín.

"Y aconteció, que como había trabajo en su parto, le dijo la partera: No temas, que también tendrás este hijo. Y acaeció que al salírsele el alma, (pues murió) llamó su nombre Benoni; mas su padre lo llamó Benjamín. Así murió Raquel, y fue sepultada en el camino de Efrata, la cual es Belén." (Génesis 35:17-19)

Raquel es la madre de José y Benjamín. En la Biblia, ella murió dos capítulos antes de que José tuviera su sueño.

La excusa: Ninguno disponible.

La corrección: El Corán menciona este sueño al principio del capítulo titulado 'José' y muestra cómo fue llevado a cabo y así se cumplió:

"(Recuerda) Cuando José dijo a su padre: «¡Padre! He visto (en un sueño) once estrellas, el sol y la luna. Los he visto prosternarse ante mí»." (Corán 12:4)

El Corán nunca dice que su madre se murió, la prueba de esto está al final de la historia dónde José levanta a los dos padres en su trono.

"Hizo subir a sus padres al trono (de dignidad). Y cayeron (todos) prosternados ante él. Y dijo: «¡Padre! He aquí la interpretación de mi sueño de antes. Mi Señor ha hecho de él una realidad. Fue bueno conmigo, sacándome de la cárcel y trayéndoos del desierto, luego de haber sembrado el Demonio la discordia entre yo y mis hermanos. Mi Señor es bondadoso para quien Él quiere. Él es el Omnisciente, el Sabio." (Corán 12:100)

En el Corán, el sueño se realizó cuando su padre (el Sol) y su madre (la Luna) y sus once hermanos (las estrellas) se prosternaron a él.

Escritores de la Biblia cometen un error cuando ellos exigen que la madre de José se murió antes de que las aventuras de José pasaron. El Corán aclara las divergencias que se encuentran dentro de la Biblia.

86. *La venta de José*

Equivocación: Hay dos declaraciones contrarias sobre quien compro a José en la Biblia:

"Y cuando pasaban los madianitas mercaderes, sacaron ellos a José de la cisterna, y le trajeron arriba, y le vendieron a los ismaelitas por veinte piezas de plata. Y llevaron a José a Egipto." (Génesis 37:28).

Madianitas vendieron a José fuera de Egipto a los ismaelitas

"Y los madianitas lo vendieron en Egipto a Potifar, oficial del Faraón, capitán de los de la guardia." (Génesis 37:36)

Madianitas vendieron a José dentro de Egipto a Potifar.

"Y descendido José a Egipto, lo compró Potifar, oficial del Faraón, capitán de los de la guardia, varón egipcio, de mano de los ismaelitas que lo habían llevado allá." (Génesis 39:1)

Potifar compró a José de los ismaelitas y no de los madianitas.

La excusa: Algunos apologistas de la Biblia intentan enmendar esta contradicción exigiendo que los 'madianitas' y los 'ismaelitas' son las mismas tribus. Según este esfuerzo por los defensores de la Biblia, ya que los ismaelitas están en Madian (Jueces 8:22-24), los madianitas e ismaelitas son uno y el mismo.

La refutación: Estos abogados Bíblicos les falta conocimiento de la genealogía de Abrahán, la terminología hebrea, y las costumbres de viaje de las tribus nómadas antiguas.

Primero, los ismaelitas son descendientes de Ismael, el hijo de Abrahán a través de su esposa Agar, mientras que los madianitas son los descendientes de Madian, el hijo de Abrahán a través de su esposa Ketura. Ismaelitas y madianitas son claramente de dos linajes separados.

Siglos de defensores de la Biblia han intentando decir que Ismael no es un hijo legitimo porque él vino de Agar. Pero cuando enfrentan una dificultad en la Biblia, estos apologéticos de la Biblia intentan rápidamente invertir sus ideas erroneas y asociar a los ismaelitas con un hijo que es sin debate legítimo, Madian (Génesis 25:1-4). Lo que se olvidan es que estos dos hijos no son intercambiables.

Segundo, el Léxico Hebreo del Testamento Viejo KJV *(KJV Old Testament Hebrew Lexicon)* dice claramente:

Madianita = un miembro de la tribu de Madian.
Ismaelita = un descendiente de Ismael.

Una vez más, los dos no son intercambiables.

Tercero, estas tribus antiguas tenían costumbres nómada, viajando de sitio a sitio. El mismo Abrahán vino de Ur (hoy en día en Irak), viajó a Haran (Génesis 11:31), entonces a Canaan (Génesis 12:4-5), entonces a Betel (Génesis 12:8), entonces a Egipto (Génesis 12:10-20) y entonces a Gerar (Génesis 20:1). Usando la defensa de los apologéticos, uno también puede alegar que Abrahán era un cananito o un egipcio. Una persona no es intercambiable.

Por último, Génesis 37:28 significa que los madianitas son diferentes a los ismaelitas porque la Biblia no dice, "los madianitas vendieron a José a sus 'hermanos' o 'entre ellos,'" cuales son frases muy comunes en la Biblia. En cambio un grupo diferente se especifica: los "ismaelitas." Por consiguiente, los ismaelitas son de una tribu diferente.

Los madianitas e ismaelitas pueden haber estado juntos durante un tiempo e incluso pueden hasta ser relacionado, pero los escribas vieron bastante diferencia entre ambos para documentar sus orígenes diferentes. Por consiguiente, las preguntas todavía permanecen; ¿quién?, ¿cuándo?, y ¿dónde? ¿Fue José vendido a los ismaelitas antes de la entrada a Egipto o directamente a Potifar mientras en Egipto? ¿Fue la venta de José por los madianitas fuera de Egipto o adentro?

La corrección: El Corán llama al comprador de José claramente y de forma consistente 'un egipcio':

"El que lo había comprado, que era de Egipto, dijo a su mujer: «¡Acógele bien! Quizá nos sea útil o lo adoptemos como hijo». Así dimos poderío a José en el país, y hasta le enseñamos a interpretar sueños. Alá prevalece en lo que ordena, pero la mayoría de los hombres no saben." (Corán 12:21)

En lugar de confundiendo las tribus y moviéndoles dentro y fuera de Egipto como da testimonio en la Biblia, nosotros tenemos el Corán que corrige agradecidamente todas las preguntas. José claramente se vendió a un egipcio.

Algunos misioneros cristianos con poco familiaridad del árabe exigen ignorantemente que el Corán nombra al comprador como '*Aziz.*' La palabra usada en el Corán es '*al-aziz,*' no '*Aziz*' como incorrectamente entendido por estos polemistas. '*El-aziz*' es un título que significa 'jefe' o 'gobernante,' no un nombre simplificado como dicen algunas traducciones del Corán;

"Unas mujeres decían en la ciudad: «La mujer del poderoso solicita a su mozo. Se ha vuelto loca de amor por él. Sí, vemos que está evidentemente extraviada»." (Corán 12:30)

En la *Traducción Yusuf Ali con comentario* el uso de la palabra 'al-aziz' en lugar de 'jefe' o 'gobernante,' se explica como tal:

"Yo no he traducido el título pero lo deje como es. 'Excelencia' o 'alteza' tienen asociaciones especializados modernas que yo quiero evitar" (*Traducción Yusuf Ali con comentario:* página 1677).

Para concluir, el Corán llama al comprador con precisión un jefe egipcio, mientras estableciendo la transacción entera así con un verso brillante, ordenando los versos de la Biblia.

87. *El sacrificio de Abrahán*

Equivocación: ¿Quién era el hijo sacrificatorio de Abrahán? La Biblia exige que Isaac era el hijo a ser sacrificado, pero lógicamente y matemáticamente, el hijo era Ismael.

El pacto de Dios con Abrahán era con Ismael:

"Este será mi pacto, que guardaréis entre mí y vosotros y tu simiente después de ti: Será circuncidado en vosotros todo macho." (Génesis 17:10)

"Debe ser circuncidado el nacido en tu casa, y el comprado por tu dinero; y estará mi pacto en vuestra carne para alianza perpetua." (Génesis 17:13)

La aritmética de la edad de Abrahán revela que Ismael era el hijo a ser sacrificado:

"Y era Abram de edad de ochenta y seis años, cuando Agar dio a luz a Ismael." (Génesis 16:16)

"Era Abrahán de edad de noventa y nueve años cuando circuncidó la carne de su prepucio." (Génesis 17:24)

Eso significa que Ismael, hijo de Abrahán, tenía 13 años. ¿Cuántos años tenía Isaac en este momento?

"Y era Abrahán de cien años, cuando le nació Isaac su hijo." (Génesis 21:5)

Esto significa que el sacrificio preparado era el único hijo engendrado por Abrahán – Ismael y no Isaac como dice la Biblia en Hebreos 11:17. Por consiguiente, vemos que Isaac no era el único hijo. De hecho, Isaac no había nacido todavía. El único hijo engendrado de Abrahán en ese momento era Ismael.

Además, conocemos que Ismael erá un hijo legítimo, a pesar de lo que dicen algunos comentaristas de la Biblia:

"Y Sarai, la mujer de Abram, tomó a Agar su sierva egipcia, al cabo de diez años que había habitado Abram en la tierra de Canaán, y la dio a Abram su marido por mujer." (Génesis 16:3)

"Y lo sepultaron Isaac e Ismael sus hijos en la cueva doble, en la heredad de Efrón, hijo de Zoar el heteo, que está enfrente de Mamre." (Génesis 25:9)

"Y estas son las generaciones de Ismael, hijo de Abrahán, que dio a luz Agar, la egipcia, sierva de Sara a Abrahán..." (Génesis 25:12)

La excusa: Debido a que la madre de Ismael era una esclava de Sarai, Ismael no era un hijo legítimo.

La refutación: Esta excusa es desacreditado por el siguiente pasaje:

"Y Sarai, la mujer de Abram, tomó a Agar su sierva egipcia, al cabo de diez años que había habitado Abram en la tierra de Canaán, y la dio a Abram su marido por mujer." (Génesis 16:3)

Consiguientemente, a menos que los apologéticos de la Biblia están exigiendo que Abrahán cometió el adulterio, Agar era una esposa legítima de Abrahán y por consiguiente, Ismael era un hijo legítimo de Abrahán. Más prueba sobre este asunto:

"Y lo sepultaron Isaac e Ismael sus hijos en la cueva doble, en la heredad de Efrón, hijo de Zoar el heteo, que está enfrente de Mamre." (Génesis 25:9)

Aquí, la Biblia nombra Ismael directamente un hijo (no hijastro, hijo ilegitimo, o medio hijo) de Abrahán, estando de pie igualmente delante de la tumba con Isaac. Aunque, en un momento dado Abrahán y Agar estaban separados, eso no invalida al niño que Agar tuvo con Abrahán. Por ejemplo, si dos padres obtienen un divorcio, el padre y el linaje del hijo no se rompe, aun si el padre no tiene custodia. El hijo todavía es el niño del padre.

La corrección: Estas identidades equivocadas y cálculos erróneos de la Biblia son enmendados por el Corán que lista el orden cronológico correcto. Ismael nació, el sacrificio intentado, y entonces Isaac nació (continuamos desde el 87 a 88)

88. ¿Uno o dos hijos?

¿Equivocación: ¿Cuántos niños tuvo Abrahán?

¿Un hijo? "Y dijo: Toma ahora tu hijo, tu único, Isaac, a quien amas, y vete a tierra de Moriah, y ofrécelo allí en holocausto sobre uno de los montes que yo te diré." (Génesis 22:2)

contra

¿Dos hijos? "Porque escrito está que Abrahán tuvo dos hijos; uno de la sierva, el otro de la libre." (Galátas 4:22)

La excusa: Debido a que la madre de Ismael era una esclava, Ismael no era un hijo legítimo.

La refutación: Esta excusa es desacreditada por este pasaje:

"Y Sarai, la mujer de Abram, tomó a Agar su sierva egipcia, al cabo de diez años que había habitado Abram en la tierra de Canaán, y la dio a Abram su marido por mujer." (Génesis 16:3)

Consiguientemente, a menos que los apologéticos de la Biblia están exigiendo Abrahán que cometió el adulterio; Agar era una esposa legítima de Abrahán y por consiguiente, Ismael era un hijo legítimo de Abrahán. La prueba es:

"Y lo sepultaron Isaac e Ismael sus hijos en la cueva doble, en la heredad de Efrón, hijo de Zoar el heteo, que está enfrente de Mamre." (Génesis 25:9)

Aquí, la Biblia nombra Ismael directamente un hijo (no hijastro, hijo ilegítimo, o medio hijo) de Abrahán, estando de pie igualmente delante de la tumba con Isaac. Aunque, en un momento dado Abrahán y Agar estaban separados, eso no invalida al niño que Agar tuvo con Abrahán. Por ejemplo, si dos padres obtienen un divorcio, el padre y el linaje del hijo no se rompe, aun si el padre no tiene custodia. El hijo todavía es el niño del padre.

La corrección: Estas identidades equivocadas y cálculos erróneos de la Biblia son enmendados por el Corán que lista el orden cronológico correcto:

"Dijo: «¡Voy a mi Señor! ¡Él me dirigirá! ¡Señor! ¡Regálame un hijo justo!» Entonces, le dimos la buena nueva de un muchacho benigno. Y, cuando tuvo bastante edad como para ir con su padre, dijo: «¡Hijito! He soñado que te inmolaba. ¡Mira, pues, qué te parece!» Dijo: «¡Padre! ¡Haz lo que se te ordena! Encontrarás, si Alá quiere, que soy de los pacientes». Cuando ya se habían sometido los dos y le había puesto contra el suelo... Y le llamamos: «¡Abrahán! Has realizado el sueño. Así retribuimos a quienes hacen el bien». Si, ésta era la prueba manifiesta. Le rescatamos mediante un espléndido sacrificio y perpetuamos su recuerdo en la posteridad. ¡Paz sobre Abraham! Así retribuimos a quienes hacen el bien. Es uno de Nuestros siervos creyentes. Y le anunciamos el nacimiento de Isaac, profeta, de los justos." (Corán 37:99-112)

Así, el Corán le muestra el hecho de que Abrahán tuvo dos hijos, Ismael e Isaac.

89. *David contra Goliat*

Equivocación: ¿Quién mató a Goliat? La Biblia parece no estar de acuerdo con sí mismo con respecto a la derrota valorada del "gran luchador" Goliat. Esto parece ser un modelo continuado de nombres intercambiados a lo largo de la Biblia, mientras dando crédito dónde no es debido.

Dos personas diferentes exigen la victoria contra Goliat en la Biblia;

¿Gano David? "Así venció David al filisteo con honda y piedra; e hirió al filisteo y lo mató, sin tener David cuchillo en su mano." (1 Samuel 17:50)

¿Gano Elhanán? "Otra guerra hubo en Gob contra los filisteos, en la cual Elhanán, hijo de Jaare-oregim de Belén, hirió a Goliat el geteo, el asta de cuya lanza era como el rodillo de un telar." (2 Samuel 21:19)

La excusa: Un error del copista.

La refutación: (Vea la carta de la Contestación [F] en el Mapa de la Refutación)

La corrección: El verdadero y único campeón contra Goliat fue David que es inveterado sin duda en el Corán Sagrado:

"Y les derrotaron con permiso de Alá. David mató a Goliat y Alá le dio el dominio y la sabiduría, y le enseñó lo que Él quiso. Si Alá no hubiera rechazado a unos hombres valiéndose de otros, la tierra se habría ya corrompido. Pero Alá dispensa Su favor a todos." (Corán 2:251)

En conclusión, otro nombre se ha corregido en la Biblia por el Corán Sagrado.

90. ¿El Faraón temido?

Equivocación: Moisés le tuvo miedo al Faraón (Éxodo 2:14-15) *contra* Moisés no tema al Faraón (Hebreos 11:27)

La excusa: Ninguno disponible.

La corrección: Moisés era un mensajero virtuoso enviado por Dios para enfrentar la magia mala del Faraón. Después de estar inspirado por Dios, Moisés no temió al Faraón o él nunca habría ido audazmente donde él. En lugar de ser injustamente un cobarde temeroso como dice la Biblia, la naturaleza verdadera de Moisés se convierte en una fuente de consuelo y seguridad para las personas de Israel. El Corán clarifica el guión:

"Tuve miedo de vosotros y me escapé. Pero mi Señor me ha regalado juicio y ha hecho de mí uno de los enviados." (Corán 26:21)

El Corán Sagrado sigue llenando los pedazos del enigma para corregir la Biblia:

"E inspiramos a Moisés: «¡Tira tu vara!» Y he aquí que ésta engulló sus mentiras." (Corán 7:117)

"Y, cuando cayó el castigo sobre ellos, dijeron: «¡Moisés! Ruega a tu Señor por nosotros en virtud de la alianza que ha concertado contigo. Si apartas el castigo de nosotros, creeremos, ciertamente, en ti y dejaremos que los Hijos de Israel partan contigo». Pero, cuando retiramos el castigo hasta que se cumpliera el plazo que debían observar, he aquí que quebrantaron su promesa." (Corán 7:134-135)

91. ¿Por qué murió la esposa de Lot?

Equivocación: La esposa de Lot murió una muerte horrible sin una explicación válida. La Biblia sólo dice que ella se viró mientras el pueblo se estaba destruyendo.

Según la Biblia, ella era virtuosa y no mereció morirse porque los ángeles de Dios insistieron que Lot la rescatara:

"Y cuando el alba subía, los ángeles daban prisa a Lot, diciendo: Levántate, toma tu mujer, y tus dos hijas que se hallan aquí, para que no perezcas en el castigo de la ciudad." (Génesis 19:15)

Cuando ellos corrieron fuera de su pueblo que iba ser destruido por Dios, la esposa de Lot se vira para ver lo que pasaba (ciertamente una reacción natural, habiendo oído un estrago y destrucción detrás de ella). Cuando ella se dio la vuelta, según la Biblia, ella fue aniquilada injustamente:

"Entonces la mujer de Lot miró atrás, a espaldas de él, y se volvió estatua de sal." (Génesis 19:26)

La excusa: La esposa de Lot fue destruida porque ella desobedeció el ángel que dijo:

"Y fue que sacándolos fuera, dijo: Escápate; sobre tu alma; no mires tras ti, ni pares en toda esta llanura; escapa al monte, para que no perezcas." (Génesis 19:17)

La refutación: Ésta es una excusa inválida porque Lot hizo más peor. Lot no sólo detuvo (un desafío directo a las instrucciones del ángel), pero también disputo con ellos:

"Y Lot les dijo: No, yo os ruego, señores míos; he aquí ahora ha hallado tu siervo gracia en tus ojos, y has engrandecido tu misericordia que has hecho conmigo dándome la vida; mas yo no podré escapar al monte, que por ventura no se me pegue el mal, y muera. He aquí ahora esta ciudad está cercana para huir allá, la cual es pequeña; escaparé ahora allá, (¿no es ella pequeña?) y vivirá mi alma." (Génesis 19:18-20)

Después de detenerse para disputar con el ángel, Lot no fue destruido, invalidando esa excusa. Además, Lot parece increíblemente egoísta al argumentar con el ángel, diciendo repetidamente, "para que yo puedo estar seguro," en lugar de incluyendo a su esposa que no fue matada todavía declarando, "para que nosotros podemos estar seguros."

La corrección: Lo qué aparece como injustificado e incompetencia en la Biblia (un Profeta y los ángeles de Dios no pudiendo rescatar la esposa), realmente se comprende en el Corán. El Corán explica por qué la esposa de Lot el Profeta se murió:

"Y les salvamos, a él y a su familia, salvo a su mujer, que fue de los que se quedaron." (Corán 7: 83)

"Alá pone como ejemplo para los infieles a la mujer de Noé y a la mujer de Lot. Ambas estaban sujetas a dos de Nuestros siervos justos, pero les traicionaron, aunque su traición no les sirvió de nada frente a Alá. Y se dijo: «¡Entrad ambas en el Fuego, junto con los demás que entran!»." (Corán 66:10)

El Santo Corán explica el hecho que la esposa de Lot se quedó siendo una transgresora que fue destruida entre los otros incrédulos y no-creyentes del pueblo de Lot.

92. ¿Israel está salvo?

Equivocación: Todos Israel es salvo (Romanos 11:26) *contra* Israel no es salvo (Lucas 12:9, Juan 1:11).

La excusa: Pablo está hablando de la promesa incondicional dado a Israel:

"Porque toda la tierra que tú ves, la daré a ti y a tu simiente para siempre." (Génesis 13:15)

La refutación: Esto sólo extiende la contradicción en la Biblia. Si Génesis dice que Israel es salvo para siempre, entonces de nuevo esto contradice lo que dice la Biblia más después porque este dice que Israel se maldecirá para siempre también. En primer lugar Génesis 13:15 dice que Israel es salvo eternamente, entonces dice que el rechazo de la salvación (Romanos 5:9) resulta en la condenación:

"Porque es imposible que los que una vez recibieron la luz, y que gustaron aquel don celestial, y que fueron hechos partícipes del Espíritu Santo; y que así mismo gustaron la buena palabra de Dios, y las virtudes del siglo venidero, y recayeron, sean renovados de nuevo por arrepentimiento colgando en el madero otra vez para sí mismos al Hijo de Dios, y exponiéndolo a vituperio." (Hebreos 6:4-6)

Esto también se verifica en la Biblia que dice que Israel puede caerse de la salvación:

"Entonces Samuel le dijo: el Señor ha desgarrado hoy de ti el reino de Israel, y lo ha dado a tu prójimo mejor que tú." (1 Samuel 15:28)

En conclusión, la nación de Israel, como todos los demás en la tierra, se juzga según su fe y acciones y es bendito o maldito basado en las leyes y condiciones declaradas por Dios. Jesús fue correcto cuando dijo que aquéllos que rechazan su misión se rechazarán en la próxima vida. Mientras Pablo estaba equivocado cuando exigió una salvación incondicional hacia la nación de Israel.

La corrección: El Corán Sagrado explica que cada individuo se juzga por sus propias acciones:

"Alá no hará ni el peso de un átomo de injusticia a nadie. Y si se trata de una obra buena, la doblará y dará, por Su parte, una magnífica recompensa." (Corán 4:40)

El Santo Corán muestra que todas las naciones, o étnicamente judío o gentil, tendrá salvación si ellos creen en Alá y son virtuoso:

"¡Los creyentes, los judíos, los sabeos y los cristianos -quienes creen en Alá y en el último Día y obran bien- no tienen que temer y no estarán tristes." (Corán 5:69)

Consiguientemente las personas se juzgan individualmente, en lugar de una nación. Además, el Corán Sagrado confirma que Israel estaba favorecido y sus oraciones fueron contestado como una nación pero como dice la Biblia, caeron de su estado favorecido:

"Y cuando les vino de Alá una Escritura que confirmaba lo que ya tenían - antes, pedían un fallo contra los que no creían - cuando vino a ellos lo que ya conocían, no le prestaron fe pero la maldición de Alá cae sobre los infieles!" (Corán 2:89)

93. ¿Judah o Saúl?

Equivocación: Saúl se promete ser el rey permanente de Israel (1 Samuel 13:13) *contra* la tribu de Judah se promete el reino permanente de Israel (Génesis 49:10).

La excusa: Eso es lo que dice pero eso no es lo que significa. Lo que Samuel dice no es una promesa, sólo una declaración hipotética.

La refutación: Si la guía de Saúl como rey fue temporal o permanente, es un hecho que Saúl fue un rey ungido de Israel, rompiendo así y contradiciendo la regla eterna supuesta por la tribu de Judah:

"Y Samuel dijo a Saúl: el Señor me envió a que te ungiese por rey sobre su pueblo Israel; oye, pues, la voz de las palabras del Señor." (1 Samuel 15:1)

La corrección: En el Santo Corán Alá clarifica que el ser coronado como rey no es permanente y Alá puede hacer o quitar a los reyes cuando Él escoge:

"Su profeta les dijo: «Alá os ha suscitado a Saúl como rey». Dijeron: «¿Cómo va él a dominar sobre nosotros si nosotros tenemos más derecho que él al dominio y no se le ha concedido abundancia de hacienda?» Dijo: «Alá lo ha escogido prefiriéndolo a vosotros y le ha dado más ciencia y más cuerpo». Alá da Su dominio a quien Él quiere. Alá es inmenso, omnisciente." (Corán 2:247)

(VI.) LAS MUJERES

94. ¿La culpa es de Adán o Eva?

Equivocación: ¿Cómo mide Eva, la madre de todos los seres humanos, en la Biblia comparado con el Corán? Evaluando la pintura Bíblica de Eva revela la raíz de la estereotipa negativo hacia las mujeres:

"Y el hombre respondió: La mujer que me diste, ella me dio del árbol, y comí. Entonces el Señor Dios dijo a la mujer: ¿Qué es esto que hiciste? Y dijo la mujer: La serpiente me engañó, y comí." (Génesis 3:12-13)

"Y enemistad pondré entre ti y la mujer, y entre tu simiente y su simiente; ella te herirá la cabeza, y tú le herirás el calcañar. A la mujer dijo: Multiplicaré en gran manera tus dolores y tus preñeces; con dolor darás a luz los hijos; y a tu marido será tu deseo, y él se enseñoreará de ti." (Génesis 3:15-16)

Podemos ver en este guión que Adán toco una gran parte en cometiendo el pecado de comer del árbol prohibido. ¿Por qué se culpó solamente a Eva?

La excusa: Ninguno disponible.

La corrección: El Corán da una narración imparcial dispersando la desigualdad de género que la Biblia retrata:

"Pero el Demonio les hizo caer (del jardín), perdiéndolo, y les sacó del estado (de felicidad) en que estaban. Y dijimos: «¡Descended! Seréis enemigos unos de otros. La tierra será por algún tiempo vuestra morada y lugar de disfrute»." (Corán 2:36)

"Pero el Demonio les insinuó el mal, mostrándoles su escondida desnudez, y dijo: «Vuestro Señor no os ha prohibido acercaros a este árbol sino por temor de que os convirtáis en ángeles u os hagáis inmortales». Y les juró: «¡De veras, os aconsejo bien!» Les hizo, pues, caer dolosamente. Y cuando hubieron gustado ambos del árbol, se les reveló su desnudez y comenzaron a cubrirse con hojas del Jardín. Su Señor les llamó: «¿No os había prohibido ese árbol y dicho que el Demonio era para vosotros un enemigo declarado?» Dijeron: «¡Señor! Hemos sido injustos con nosotros mismos. Si no nos perdonas y Te apiadas de nosotros, seremos, ciertamente, de los que pierden»." (Corán 7:20-23)

En resumen, mientras la Biblia culpa solamente a Eva, el Corán sostiene a ambos Adán y Eva responsable e igualmente perdona a ambos.

95. ¿Se castigan igualmente Adán y Eva?

Equivocación: Una cantidad desproporcionada de ira le ocurrió a Eva en la Biblia comparado con Adán. Se empujaron castigos malévolos y agónicos hacia Eva, mientras la Biblia mantiene la inocencia de Adán.

En la Biblia, Adán usa a Eva como una víctima propiciatoria cuando Dios lo interrogó:

"Y el hombre respondió: La mujer que me diste, ella me dio del árbol, y comí." (Génesis 3:12)

En su vez, Eva culpa la Serpiente de embromarla. Adán en su parte indirectamente acusa a Dios diciendo "La mujer que me diste," pero Eva es injustamente maldita cuatro veces más que Adán. Se delinean las cuatro maldiciones adicionales a Eva en Génesis:

"A la mujer dijo: 1. Multiplicaré en gran manera tus dolores y 2. tus preñeces; con dolor darás a luz los hijos; y 3. a tu marido será tu deseo, y 4. él se enseñoreará de ti." (Génesis 3:16)

El pecado de Adán excede al de Eva en la Biblia porque Adán sucumbió a la tentación más rápido y a través de menos influencia que Eva soporto con la serpiente. Adán fue regañado a un grado menor por un crimen más grande.

El castigo de Adán es solo un fragmento de las maldiciones de Eva. Las retribuciones puestas en Adán eran de hecho condenaciones adicionales puestas a Eva:

"Y al hombre dijo: Por cuanto escuchaste la voz de tu mujer, y comiste del árbol de que te mandé diciendo: No comerás de él. Maldita será la tierra por amor de ti; 1. con dolor comerás de ella todos los días de tu vida; espinos y cardos te producirá, y 2. comerás hierba del campo; 3. en el sudor de tu rostro comerás el pan, hasta que vuelvas a la tierra, porque de ella fuiste tomado. Porque polvo eres, y al polvo serás tornado." (Génesis 3:17-19)

Adán se les dio tres castigos en contraste con las cuatro maldiciones de Eva. La valoración adicional realmente revela que las maldiciones dietéticas de Adán también afligen a Eva. Por consiguiente, Eva sufre cuatro maldiciones separadas y juntamente las tres maldiciones de Adán.

Pablo en la Biblia expone de las maldiciones de Eva diciendo: "Y Adán no fue engañado, sino la mujer fue engañada en la rebelión; pero se salvará engendrando hijos" (1 Timoteo 2:14-15)

Pablo reitera la perspectiva Bíblica que Eva fue corrompida y consiguientemente las mujeres deben sufrir la retribución, mientras Adán y los hombres no deben ninguna penitencia suplementaria.

La excusa: Ninguno disponible.

La corrección: El Corán Sagrado se opone a las imputaciones engañosas puestas en la Eva:

"Pero el Demonio le insinuó el mal. Dijo: «¡Adán! ¿Te indico el árbol de la inmortalidad y de un dominio imperecedero?». Comieron de él, se les reveló su desnudez y comenzaron a cubrirse con hojas del Jardín. Adán desobedeció a su Señor y se descarrió." (Corán 20:120-121)

El Corán expela la imputación chauvinista de que Eva era la única perpetradora. El Corán también pone a Adán a la escena de la infracción y reconoce que él también habló con Satanás. Por consiguiente, se castigaron Adán y Eva igualmente por su desobediencia. Para concluir, las mujeres del mundo no están endeudada para cualquier hecho adicionales hacia la Salvación, según el Corán.

96. _La Biblia prohibe a las mujeres hablar_

Equivocación: La Biblia dice: "(Vuestras) mujeres callen en las congregaciones; porque no les es permitido hablar, sino que estén sujetas, como también la ley lo dice. Y si quieren aprender alguna cosa, pregunten en casa a sus maridos; porque deshonesta cosa es hablar las mujeres en la congregación." (1 Corintios 14:34-35).

"La mujer aprenda, callando con toda sujeción. Porque no permito a una mujer enseñar, ni tomar autoridad sobre el varón, sino estar reposada." (1 Timoteo 2:11-12)

La excusa: Eso es lo que dice pero eso no es lo que significa. Apologéticos afirman que el ser silencioso en esos versos realmente significa el ser sumiso. Por otra parte, hombres y mujeres son reembolsados igualmente:

"...no hay macho, ni hembra: porque todos vosotros sois uno en Cristo Jesús." (Gálatas 3:28)

La refutación: (Vea la carta de la Contestación [E] en el Mapa de la Refutación)

Pablo no quiso decir solamente la sumisión. Obviamente él quiso decir que las mujeres deben estar callada porque en 1 Timoteo 2:11 Pablo dice que las mujeres deben ser sumisa y silenciosa. Esto muestra la realidad de la noción que Pablo. Él no sólo quiso decir sumisión sino el silencio también. Los apologéticos intentan torcer los significados de palabras ignorando el contexto de las palabras usadas:

"Porque no permito a una mujer enseñar, ni tomar autoridad sobre el varón, sino estar reposad." (1 Timoteo 2:12)

La verdad es que Pablo se contradice el mismo además del Evangelio considerando que en un caso Pablo les dice a las mujeres que se queden calladas y en otro caso, Pablo predice que las mujeres profetizarán (Hechos 2:17).

Los apologéticos incluso yerran más cuando ellos intentan excavar pasajes dónde Pablo asemeja a los hombres y las mujeres. En un pasaje Pablo dice que se salvan mujeres y hombres igualmente (Gálatas 3:28), mientras en otro pasaje, Pablo exige que las mujeres tienen una redención diferente:

"Y Adán no fue engañado, sino la mujer fue engañada en la rebelión; pero se salvará engendrando hijos..." (1 Timoteo 2:14-15)

La corrección: ¡Dentro del Corán, usted no encontrará un solo verso que declara una mujer no puede hablar durante cualquier tiempo particular! De hecho, el Corán declara lo siguiente:

"Alá ha oído lo que decía la que discutía contigo (O Mohamet) a propósito de su esposo y que se quejaba a Alá. Alá oye vuestro diálogo. Dios todo lo oye, todo lo ve." (Corán 58:1)

¡No sólo habla esta mujer, Kaulah bint Talabah, con el Profeta (la paz esté con él) pero ella incluso discutió con él, y Dios más Misericordioso, Alá, está escuchándolos! La mujer no se condena por hablar su mente y su corazón al Profeta (la paz esté con él) y disputar con él sobre un tema. En cambio, Alá es tranquilizante. El oye las quejas de la mujer y Él oye a todas personas, hombres y mujeres.

97. *Amputación de hembras*

Equivocación: La Biblia dice que si dos hombres estuvieran pegándose y la esposa de uno de ellos interfirió, la mano de ella debe ser cortada (Deuteronomio 25:11-12).

La excusa: 1) Hay una posibilidad que mujer podría herir la habilidad del asaltador tener niños hiriendo intencionalmente o accidentalmente los órganos genitales. 2) La mujer es castigada porque ella comprometió una inmodestia tocando los órganos genitales de otro hombre.

La refutación: 1) Ésta es una excusa muy patética por cortar la mano de una mujer. De hecho, la misma excusa se puede usar para justificar a la mujer interferir porque ella pudiera perder la vida de su marido si el asaltante le pegará severamente. Además, ella es la quién sale seriamente impedida si su mano estuviera cortada. Permítanos ver aun más profundo las razones por qué las excusas de los apologéticos no son válidas:

1) Si su mano es cortada, ella no puede sostener a sus propios niños.
2) La mujer injustamente acusada podría posiblemente salvar a su marido de una herida seria o de la muerte.
3) La valentía y devoción al marido se han hecho parecer como un acto punible.

La primera excusa no es válida porque se puede invertir para justificar la mujer "interfiriendo" con el ataque de su marido.

Y en segundo lugar, la mujer no estaba cometiendo el adulterio porque el acto de tocar a otro hombre era en forma de autodefensa (protegiendo a su marido) y no para propósitos obscenos.

La corrección: En ninguna parte del Santo Corán es esta ley hórrida repetida y aun si las intenciones de la mujer eran mal, el Corán no es tan severo como la Biblia:

"Flagelad a la fornicadora y al fornicador con cien azotes cada uno. Por respeto a la ley de Alá, no uséis de mansedumbre con ellos, si es que créeis en Alá y en el último Día. Y que un grupo de creyentes sea testigo de su castigo." (Corán 24:2)

98. ¿El divorcio es permitido?

Equivocación: El divorcio es permitido (Deuteronomio 24:1–4) *contra* el divorcio no es permitido (Marcos 10:1–12 y 1 Corintios 7:10–16).

La excusa: Eso es lo que dice pero eso no es lo que significa. Jesús y Pablo están hablando sobre lo que Dios quiere. Moisés está hablando sobre lo que realmente pasa.

La refutación: (Vea la carta de la Contestación [E] en el Mapa de la Refutación) El problema con esta excusa es que Jesús reconoce lo que dijo Moisés y lo anula diciendo que Moisés dijo esto debido a una falta con los judíos. Pero ahora esta falta es punible por muerte. La razón que Moisés permitió el divorcio no es aceptable para cualquiera:

"Y les dice: Cualquiera que repudiare a su mujer, y se casare con otra, comete adulterio contra ella." (Marcos 10:11)

Este verso especifica 'cualquiera,' significando cualquier persona bajo cualquier condición no se permite divorciarse de su esposa y viceversa. Y si se divorcian de sus esposas, el castigo es la muerte porque Jesús igualaba al divorcio con el adulterio y el adulterio es (o fue) punible por pedradas hasta la muerte del culpable.

La corrección: En el Corán Sagrado, Dios entiende que hay muchas condiciones que garantizan el divorcio. Los esposos no tienen que quedarse juntos bajo una amenaza de muerte como se exige en la Biblia. En cambio, se permiten a dos personas casadas divorciarse si después de que ellos han intentado reconciliarse sus diferencias. Dios declara dentro del Corán Sagrado que si se piensa que un divorcio tiene lugar, que cada persona espere lo menos de cuatro (4) meses antes de hacerlo como un tiempo de espera o un período de reconciliación:

"Quienes quieren separarse de sus mujeres tienen de plazo cuatro meses. Si se retractan, Alá es indulgente, misericordioso." (Corán 2:226)

"Cuando lleguen a su término, retenedlas decorosamente o separaos de ellas decorosamente. Y requerid el testimonio de dos personas justas de los vuestros y atestiguad ante Alá. A esto se exhorta a quien cree en Alá y en el último Día. A quien teme a Alá, Él le da una salida." (Corán 65:2)

En cualquier momento durante los cuatro meses provisionales, el divorcio puede ser retractado y la pareja puede juntarse.

99. ¿La divorciada es una adúltera?

Equivocación: Un problema mayor de la Biblia es la condenación de las mujeres divorciadas. Cuando una mujer ha estado con un hombre (en una relación matrimonial), la mujer (ahora divorciada) naturalmente desea volver a casarse. Pero la Biblia dice que el matrimonio a una mujer divorciada es punible por muerte:

"... El que se casare con la repudiada, comete adulterio." (Mateo 5:32)

Según la Biblia, Jesús iguala al divorcio con el adulterio y el adulterio era punible apedreando al culpable hasta la muerte.

La Biblia se contradice en esto porque en otra sección las mujeres se ratifica las segundas nupcias sin repercusión. Moisés dice que una mujer divorciada "podrá ir y casarse con otro varón" (Deuteronomio 24:2).

La excusa: Ninguno disponible.

La corrección: El Corán Sagrado corrige esta degradación y contradicción dentro de la Biblia declarando que las mujeres divorciadas no son pecadoras, en cambio ellas son honradas como las mujeres quien nunca han estado casadas. El matrimonio y el divorcio no tienen ningún afecto a su carácter y como, estas mujeres divorciadas serán tratadas con bondad así como se le dé el permiso para volver a casarse:

"El repudio se permite dos veces. Entonces, o se retiene a la mujer tratándola como se debe o se la deja marchar de buena manera. No os es lícito (para los hombres) recuperar nada de lo que les disteis (a sus esposas), a menos que las dos partes teman no observar las leyes de Alá. Y, si (los jueces) teméis que no observen las leyes de Alá, no hay inconveniente en que ella obtenga su libertad indemnizando al marido. Éstas son las leyes de Alá, no las violéis. Quienes violan las leyes de Alá, ésos son los impíos. Si la repudia (la tercera vez), ésta ya no le será permitida sino después de haber estado casada con otro. Si este último la repudia. no hay inconveniente en que aquéllos vuelvan a reunirse, si creen que observarán las leyes de Alá. Éstas son las leyes de Alá las explica a gente que sabe." (Corán 2:229-30)

100. ¿Encender el amor?

Equivocación: A veces el amor deja el corazón y ese mismo amor se puede volver a encenderse de nuevo. Pero en la Biblia esta re-inflamación del corazón no se permite. Una mujer divorciada que se casa con otro hombre, y entonces se divorcia de nuevo, no puede devolver a su amor original:

"Y si la aborreciere el postrer varón, y le escribiere carta de repudio, y se la entregare en su mano, y la despidiere de su casa; o si muriere el postrer varón que la tomó para sí por mujer, no podrá su primer marido, que la despidió, volverla a tomar para que sea su mujer, después que fue inmunda; porque es abominación delante del Señor, y no contaminarás la tierra que el Señor tu Dios te da por heredad." (Deuteronomio 24:3-4)

La excusa: Ninguno disponible.

La corrección: El Corán Sagrado no llama estas mujeres divorciadas deshonradas como se declara dentro de la Biblia, en cambio ellas son mujeres honradas que pueden devolverse a casar con sus amores originales:

"Si la repudia (la tercera vez), ésta ya no le será permitida sino después de haber estado casada con otro. Si este último la repudia. no hay inconveniente en que aquéllos vuelvan a reunirse, si creen que observarán las leyes de Alá. Éstas son las leyes de Alá que explica a gente que sabe." (Corán 2:230)

101. ¿Botado de la casa?

Equivocación: En otra desviación dentro de la Biblia, una mujer divorciada será echada de su casa:

"Cuando alguno tomare mujer y se casare con ella, si después no le agradare por haber hallado en ella alguna cosa torpe, le escribirá carta de repudio, y se la entregará en su mano, y la despedirá de su casa." (Deuteronomio 24:1)

Es un castigo vergonzoso para una mujer a ser echada de la casa que ella y su marido compartieron.

Esta manera de quitar las mujeres de sus casas anteriores se repite en el pasaje siguiente:

"Y si la aborreciere el postrer varón, y le escribiere carta de repudio, y se la entregare en su mano, y la despidiere de su casa; o si muriere el postrer varón que la tomó para sí por mujer." (Deuteronomio 24:3)

La excusa: Ninguno disponible.

La corrección: El Corán Sagrado nos enseña que el hombre no tiene ningún derecho de mandar a la mujer que él se ha divorciado de la casa, mientras dejándola ser desamparada en las calles:

"¡O Profeta! Cuando (hombres) repudiáis a las mujeres, ¡hacedlo al terminar su período (legal) de espera! ¡Contad bien los días de ese período y temed a Alá, vuestro Señor! ¡No las expulséis de sus casas ni ellas salgan, a menos que sean culpables de deshonestidad manifiesta! Ésas son las leyes de Alá. Y quien viola las leyes de Alá es injusto consigo mismo. Tú no sabes... Quizá Alá, entre tanto, suscite algún imprevisto..." (Corán 65:1)

102.   ¿Niño del ex-esposo?

Equivocación: En la Biblia, Moisés se pinta como permitir a las mujeres volver a casarse inmediatamente después de un divorcio (Deuteronomio 24:1-2). El error con esta ley ancha es que si una mujer vuelve a casarse inmediatamente, y está ignorantemente embarazada, nadie sabrá quién el padre del bebé es.

En contradicción a Moisés, Jesús se graba como haber dicho en la Biblia falsamente:

"... El que se casare con la repudiada, comete adulterio." (Mateo 5:32)

Esto fue declarado para prevenir niños huérfanos.

La excusa: Ninguno disponible.

La corrección: El Corán Santo resuelve el problema de padres desconocidos de los niños de mujeres divorciadas, sin alienar y castigar a las madres a una vida sin segundas nupcias como Jesús se exige hacer:

"Las repudiadas deberán esperar tres menstruaciones. No les es lícito ocultar lo que Alá ha creado en su seno si es que creen en Alá y en el último Día. Durante esta espera, sus esposo tienen pleno derecho a tomarlas de nuevo si desean la reconciliación. Ellas tienen derechos equivalentes a sus obligaciones, conforme al uso, pero los hombres tienen un grado (de ventaja) por encima de ellas. Alá es poderoso, sabio." (Corán 2:228)

Para que la identidad del padre del niño sea conocido, las mujeres divorciadas deben esperar 3 meses antes de las segundas nupcias, para verificar antes de casarse si están embarazadas. Este método incluso elimina el método moderno en cual los hombres toman pruebas de sangre y que resulta en la ex-pareja luchando y juzgando que este método sea inexacto.

103. *Las viudas y hermanas no heredan*

Equivocación: En Números 27:8-11, Moisés describe las reglas de herencia que Dios probablemente ha declarado. Si un hombre se muere, su hijo hereda la propiedad; su hija no consigue nada. Sólo si no hay ningún hijo, entonces la hija hereda. Si no hay ningún niño, entonces la propiedad se da a los hermanos del hombre y sus hermanas no consiguen nada.

La excusa: Ninguno disponible.

La corrección: El Corán abolió esta codicia masculina:

"Sea para los hombres una parte de lo que los padres y parientes más cercanos dejen; y para las mujeres una parte de lo que los padres y parientes más cercanos dejen. Poco o mucho, es una parte determinada." (Corán 4:7)

"A vosotros os corresponde la mitad de lo que dejen vuestras esposas si no tienen hijos. Si tienen, os corresponde un cuarto. Esto, luego de satisfacer sus legados o deudas. Si no tenéis hijos, a ellas les corresponde un cuarto de lo que dejéis. Si tenéis, un octavo de lo que dejéis. Esto. luego de satisfacer vuestros legados o deudas. Si los herederos de un hombre o de una mujer son parientes colaterales y le sobrevive un hermano o una hermana, entonces, les corresponde, a cada uno de los dos, un sexto. Si son más, participarán del tercio de la herencia, luego de satisfacer los legados o deudas, sin dañar a nadie. Ésta es disposición de Alá. Alá es omnisciente, benigno." (Corán 4:12)

104.   *El violador obligado casarse con la víctima*

Equivocación: "Cuando alguno hallare una joven virgen, que no fuere desposada, y la tomare, y se echare con ella, y fueren hallados; entonces el hombre que se echó con ella dará al padre de la joven cincuenta ciclos de plata, y ella será su mujer, por cuanto la afligió; no la podrá despedir en todos sus días." (Deuteronomio 22:28-30)

Uno debe hacerse una pregunta simple aquí, ¿quién realmente se está castigando, el ofensor que violó a la mujer o la mujer que fue violada? Según la Biblia, una mujer debe vivir el resto de su vida con el hombre que cometió el crimen traicionero de violación.

La excusa: Ninguno disponible.

La corrección: Considerando que la voz de una mujer está ausente en la Biblia, el Corán Sagrado habilita a las mujeres para ser oído:

¡Creyentes! No es lícito recibir en herencia a mujeres contra su voluntad, ni impedirles que vuelvan a casarse para quitarles parte de lo que les habíais dado, a menos que sean culpables de deshonestidad manifiesta. Comportaos con ellas como es debido. Y si os resultan antipáticas, puede que Alá haya puesto mucho bien en el objeto de vuestra antipatía." (Corán 4:19)

El Profeta Mohamet (la paz esté con él) dice en el Hadíz volumen 9, libro 86, número 101 narrado por Aisha: "Es esencial tener el consentimiento de una mujer (para el matrimonio)."

105.   *¿Se casó con el cuñado?*

Equivocación: Aquí hay otro caso en la Biblia dónde una mujer se obliga a casarse con alguien sin cualquier consentimiento en el tema:

"Cuando hermanos estuvieren juntos, y muriere alguno de ellos, y no tuviere hijo, la mujer del muerto no se casará fuera con hombre extraño;

su cuñado entrará a ella, y la tomará por su mujer, y hará con ella parentesco." (Deuteronomio 25:5)

La excusa: Ninguno disponible.

La corrección: De nuevo, el Corán Sagrado alza al estado de las mujeres como iguales y como fabricantes de sus propias decisiones importantes, como vemos aquí, sobre todo en su propio matrimonio:

"¡Creyentes! No es lícito recibir en herencia a mujeres contra su voluntad, ni impedirles que vuelvan a casarse para quitarles parte de lo que les habíais dado, a menos que sean culpables de deshonestidad manifiesta. Comportaos con ellas como es debido. Y si os resultan antipáticas, puede que Alá haya puesto mucho bien en el objeto de vuestra antipatía." (Corán 4:19)

106.   *¿Por qué no le tiraron piedras a Maria?*

Equivocación: Una muchacha no encontrada ser una virgen sería matada (Deuteronomio 22:13-21) según la Biblia. El castigo para el adulterio es la muerte por piedras:

"Mas si este negocio fue verdad, que no se hubiere hallado virginidad en la joven, entonces la sacarán a la puerta de la casa de su padre, y la apedrearán con piedras los hombres de su ciudad, y morirá; por cuanto hizo vileza en Israel fornicando en casa de su padre; así quitarás el mal de en medio de ti." (Deuteronomio 22:20-21)

¿Por qué entonces no fue Maria golpeada y su vida no salvada por su comunidad por tener un niño al parecer sin un padre claro?

La excusa: Ninguno disponible.

La corrección: La razón Maria pudo salir y viajar libremente, mientras desplegando al niño Jesús orgullosamente sin ser ejecutada se explica en el Corán. El Corán Sagrado completa a menudo los enigmas ignorados o deliberadamente evitados por teólogos cristianos.

Nosotros sabemos del Evangelio, que incluso 30 años después del nacimiento de Jesús la apedreada de una mujer adúltera era común. En Juan 8, Jesús (la paz de Dios esté con él), como un adulto, le impidió a una muchedumbre apedrear a una mujer acusada de adulterio:

"Le dicen: Maestro, esta mujer ha sido tomada en el mismo hecho, adulterando; y en la ley Moisés nos mandó apedrear a las tales. Tú pues, ¿qué dices? Más esto decían tentándole, para poder acusarle.

Pero Jesús, inclinado hacia abajo, escribía en tierra con el dedo. Y como perseverasen preguntándole, se enderezó, y les dijo: El que de vosotros esté sin pecado, sea el primero en arrojar la piedra contra ella." (Juan 8:4-7)

Treinta años antes en el momento del nacimiento de Jesús, hubiera tomado un milagro para apartar a los israelitas de no matar a Maria. Pero el Santo Corán revela este milagro rescatante. Cuando los israelitas se acercaron a Maria y a Jesús infantil para cuestionarla e inquirir sobre el niño huérfano de padre, algo inesperado pasó:

"Y vino con él a los suyos, llevándolo. Dijeron: «¡María! ¡Has hecho algo inaudito! ¡Hermana de Aarón! Tu padre no era un hombre malo, ni tu madre una ramera»."

"Entonces ella se lo indicó. Dijeron: «¿Cómo vamos a hablar a uno que aún está en la cuna, a un niño?»"

"Dijo él: «Soy el siervo de Alá. Él me ha dado la Escritura y ha hecho de mí un profeta. Me ha bendecido dondequiera que me encuentre y me ha ordenado la azalá y el azaque mientras viva, que sea piadoso con mi madre. No me ha hecho violento, desgraciado." (Corán 19:27-32)

En conclusión, después de dar testimonio al milagro de Dios, (el Mesías recién nacido que alaba a Dios), la inocencia de Maria fue confirmado. Interesantemente, como Jesús tenía esta experiencia anterior de detener la apedreada de una sospechada del adúltero como un infante; treinta años después, Jesús persuadió a una muchedumbre de nuevo de evitar la apedreada de una supuesta adúltera en el Evangelio de Juan, capítulo 8.

107. ¿Después del nacimiento?

Equivocación: Mujeres que han dado a luz a un niño están ritualmente sucias durante 40 días. Si el bebé es una niña, la madre está sucia durante 80 días (Levítico 12:1-5).

Esto muestra el pensamiento monstruoso que si una mujer da a luz a una niña, ella es dos veces más contaminada si hubiera dado a luz a un varón.

La excusa: Ninguno disponible.

La corrección: En el Islám, el nacimiento de una hija es igual al nacimiento de un hijo; el Corán Sagrado corrige la percepción de la Biblia que el nacimiento de una hija contamina más o es más malo que el nacimiento de un hijo. Dios reitera para nosotros lo qué hombres malos hacían:

"Cuando se le anuncia a uno de ellos (el nacimiento de) una niña, se queda hosco y se angustia. Esquiva a la gente por vergüenza de lo que se le ha anunciado, preguntándose si lo conservará, para deshonra suya, o lo esconderá bajo tierra... ¡Qué mal juzgan!" (Corán 16:58-59)

De hecho, las niñas hembras no son vergonzosas o más sucias que los niños varones; ambos nacimientos son iguales:

"El dominio de los cielos y de la tierra pertenece a Alá. Crea lo que quiere. Regala hijas a quien Él quiere y regala hijos a quien Él quiere." (Corán 42:49)

De hecho, el nacimiento de una hembra o de un varón son bendiciones iguales de Dios.

108.   ¿El nacimiento de una hija es una pérdida?

Equivocación: Muchos cristianos consideran el nacimiento de una hija ser una gran pérdida. En la Biblia católica, el libro de Eclesiásticos que dice, "La hija será poco estimada." (Eclesiásticos 22:3).

La excusa: Ninguno disponible.

La corrección: Dios clarifica dentro del Corán, en Su guía a toda humanidad que los niños y las niñas nacen iguales y que aquéllos que asumen que teniendo una hija es una pérdida vergonzosa están equivocado:

"Cuando se le anuncia a uno de ellos (el nacimiento de) una niña, se queda hosco y se angustia."

"Esquiva a la gente por vergüenza de lo que se le ha anunciado, preguntándose si lo conservará, para deshonra suya, o lo esconderá bajo tierra... ¡Qué mal juzgan!" (Corán 16:58-59)

De hecho, las niñas hembras no son vergonzosas o más sucias que los niños varones; ambos nacimientos son iguales:

"El dominio de los cielos y de la tierra pertenece a Alá. Crea lo que quiere. Regala hijas a quien Él quiere y regala hijos a quien Él quiere." (Corán 42:49)

109. ¿La viuda no se puede casar con un sacerdote?

Equivocación: En una afrenta extensa a la dignidad de una viuda, se prohíben sacerdotes para el matrimonio con ellas. En la Biblia, se agrupan las viudas junta con las rameras como las mujeres prohibidas para el matrimonio a un sacerdote:

"La viuda, o repudiada, o infame, o ramera, éstas no tomará; mas tomará virgen de su pueblo por mujer." (Levítico 21:14)

La excusa: Ninguno disponible.

La corrección: El Corán Sagrado clarifica que todos los creyentes se permiten casarse con una viuda:

"Las viudas que dejéis deben esperar cuatro meses y diez días; pasado ese tiempo, no seréis ya responsables de lo que ellas dispongan de sí mismas conforme al uso. Alá está bien informado de lo que hacéis."

"No hacéis mal en proponer a tales mujeres casaros con ellas o en ocultarles vuestra intención de hacerlo. Alá sabe que pensaréis en ellas. Pero ¡no les prometáis nada en secreto! ¡Habladas, más bien, como se debe! ¡Y no decidáis concluir el matrimonio hasta que se cumpla el período prescrito de espera! ¡Sabed que Alá conoce lo que hay en vuestras mentes, de modo que cuidado con Él! Pero sabed que Alá es indulgente, benigno." (Corán 2:234-235)

110. ¿Las divorciadas no pueden casarse con un sacerdote?

Equivocación: En otra afrenta extensa a la dignidad de la mujer divorciada, estas mujeres se prohíben el matrimonio con sacerdotes. En la Biblia, se agrupan las mujeres divorciadas junto con las rameras como mujeres quienes se prohíben para el matrimonio a un sacerdote:

"La viuda, o repudiada, o infame, o ramera, éstas no tomará; mas tomará virgen de su pueblo por mujer." (Levítico 21:14)

La excusa: Ninguno disponible.

La corrección: Una mujer divorciada en el Corán se puede casar con cualquiera, incluyendo a su ex-marido. Los creyentes pueden casarse incluso con las mujeres divorciadas de los idolatras:

¡Creyentes! Cuando vengan a vosotros mujeres creyentes que son fugitivas emigrando, ¡examinadlas! Alá conoce bien su fe. Si comprobáis que de verdad son creyentes, no las devolváis a los infieles: ni ellas son lícitas para ellos ni ellos lo son para ellas. ¡Reembolsadles lo que hayan gastado! No tenéis nada que reprocharos si os casáis con ellas, con tal que les entreguéis su dote." (Corán 60:10)

111. ¿Quiénes son los padres de Eva?

Equivocación: Según la lógica de los cristianos con respecto a la relación de Jesús a Dios, niños que nacen con sólo un padre deben tener Dios como el otro padre. Este argumento sería lógico salvo el hecho que Eva sólo tenía un padre y no es considerada la hija de Dios como Jesús es considerado el hijo de Dios.

Las semejanzas entre Jesús y Eva son casi idéntico:

El útero de Maria hubiera sido yermo sin un hombre y la costilla de Adán es estéril porque normalmente no es un órgano de procreación.

La excusa: Ninguno disponible.

La corrección: Se usaron el útero y la costilla como herramientas por Alá para crear.

Eva nació de otro ser humano como Jesús nació de otro ser humano. Jesús nació con la ayuda de Alá como Eva nació con la ayuda de Alá. Alá crea, y no engendra.

"No hay más dios que Él. Él da la vida y da la muerte. Vuestro Señor y Señor de vuestros antepasados." (Corán 44:8)

"No ha engendrado, ni ha sido engendrado." (Corán 112:3)

"Para Alá, Jesús es semejante a Adán, a quien creó de tierra y a quien dijo:«¡Sé!» y fue." (Corán 3:59)

112.   ¿La venta de una mujer?

Equivocación: Las mujeres no son propiedad, excepto en la Biblia (Éxodo 21:7-11). Un padre puede vender a su hija a la esclavitud para pagar una deuda. Una hija vendida a la esclavitud no se suelta al final de los seis años como es un esclavo varón ordinario.

La excusa: Ninguno disponible.

La corrección: Afortunadamente para todos nosotros, Dios nos dio hace 1.400 años nuestros derechos y libertad en el Corán. Nosotros no tenemos que ser esclavos de las leyes de la Biblia:

Dios dice: ¡Creyentes! No es lícito recibir en herencia a mujeres contra su voluntad, ni impedirles que vuelvan a casarse para quitarles parte de lo que les habíais dado, a menos que sean culpables de deshonestidad manifiesta. Comportaos con ellas como es debido. Y si os resultan antipáticas, puede que Alá haya puesto mucho bien en el objeto de vuestra antipatía." (Corán 4:19)

Con respecto a la deuda de un padre o pobreza, Dios nos ordena en el Corán no matar a los niños para aliviar la pobreza:

"Di: «¡Venid, que os recitaré lo que vuestro Señor os ha prohibido: que Le asociéis nada! ¡Sed buenos con vuestros padres, no matéis a vuestros hijos por miedo de empobreceros -ya os proveeremos Nosotros, y a ellos…" (Corán 6:151)

113.   ¿Los hombres valen más?

Equivocación: De nuevo, la Biblia intenta propagar un valor desproporcionado entre los hombres y las mujeres:

"En cuanto al macho de veinte años hasta sesenta, tu estimación será cincuenta siclos de plata, según el siclo del santuario. Y si fuere hembra, la estimación será treinta siclos." (Levítico 27:3-4)

La excusa: Ninguno disponible.

La corrección: El Corán Sagrado corrige todos estos valores desproporcionados entre los hombres y las mujeres declarando que los dos son bendiciones iguales de Dios:

"El dominio de los cielos y de la tierra pertenece a Alá. Crea lo que quiere. Regala hijas a quien Él quiere y regala hijos a quien Él quiere." (Corán 42:49)

114.   *La pureza*

Equivocación: Una virgen comprometida que es seducida en la ciudad será puesta a la muerte a menos que ella grite por socorro (Deuteronomio 22:23-24).

Éste es una manera inestable de juzgar si una mujer está con dolor o no. ¿Y si ella no se oye? Para confiar en indicadores externos para hacer un juicio de muerte es bastante áspero. ¿No es Dios misericordioso?

La excusa: Ninguno disponible.

La corrección: El Corán enseña a todos nosotros que Dios sabe lo que es la verdad en los vistos y lo secreto, en lo que se oye y lo silencioso y Él juzgará de acuerdo con Su misericordia encima de todos. Ninguna súplica verbal se tiene que oír para Dios saber el culpable y el inocente:

"¿No ves que Alá conoce lo que está en los cielos y en la tierra? No hay conciliábulo de tres personas en que no sea Él el cuarto, ni de cinco personas en que no sea Él el sexto. Lo mismo si son menos que si son más, Él siempre está presente, dondequiera que se encuentren. Luego, el día de la Resurrección, ya les informará de lo que hicieron. Alá es omnisciente." (Corán 58:7)

Sobre el tema de violación:

"Que los que no puedan casarse observen la continencia hasta que Alá les enriquezca con Su favor. Extended la escritura a los esclavos que lo deseen si reconocéis en ellos bien, y dadles de la hacienda que Alá os ha concedido. Si vuestras esclavas prefieren vivir castamente, no les obliguéis a prostituirse para procuraros los bienes de la vida de acá. Si alguien les obliga, luego de haber sido obligadas Alá se mostrará indulgente, misericordioso." (Corán 24:33)

115. ¿Esposas idólatras?

Equivocación: La Biblia sostiene el divorcio a las esposas paganas (Ezra 10:11) *contra* no se divorcie de las esposas paganas (1 Corintios 7:12).

La excusa: 1) Las Escrituras más tardes reemplazan las Escrituras anteriores. 2) No todos los paganos son los mismo.

La refutación: 1) (Vea la carta de la Contestación [G] en el Mapa de la Refutación). 2) O usted cree en Dios o no, o como muchos cristianos dicen: o son salvo o no.

La corrección: El Corán clarifica que no se permiten a los hombres creyentes casarse con mujeres idólatras:

"No os caséis con mujeres asociadoras (idólatras) hasta que crean. Una esclava creyente es mejor que una asociadora, aunque ésta os guste más. No caséis con asociadores (paganos) hasta que éstos crean. Un esclavo creyente es mejor que un asociador, aunque éste os guste más. Ésos os llaman al Fuego, en tanto que Alá os llama al Jardín y al perdón si quiere, y explica Sus aleyas (signos) a los hombres. Quizás, así, se dejen amonestar." (Corán 2:221)

El Corán Sagrado determina la diferencia en la Biblia declarando que no se permiten a los hombres creyentes casarse con paganas/ateas pero nos permiten casarse a los creyentes en el Dios de Abrahán:

"Hoy se os permiten las cosas buenas. Se os permite el alimento de quienes han recibido la Escritura, así como también se les permite a ellos vuestro alimento. Y las mujeres creyentes honestas y las honestas del pueblo que, antes que vosotros, había recibido la Escritura (son lícitas para vosotros), si les dais la dote tomándolas en matrimonio, no como fornicadores o como amantes. Vanas serán las obras de quien rechace la fe y en la otra vida será de los que pierdan." (Corán 5:5)

116. ¿Apellido de soltera?

Equivocación: La Biblia enseña que una mujer tiene que perder el apellido de su padre durante su matrimonio:

La eliminación del nombre familiar de la esposa es hecho claro por Génesis 2:23, "...ésta será llamada Varona, porque del Varón fue tomada" así como Génesis 5:2 "Macho y hembra los creó; y los bendijo, y llamó el nombre de ellos Adán..."

La excusa: Ninguno disponible.

La corrección: En el mundo musulmán, mujeres tienen la opción de guardar el apellido de su padre:

"Llamadles por (el nombre de) su padre. Es más equitativo ante Alá. Y, si no sabéis quién es su padre, que sean vuestros hermanos en religión y vuestros protegidos. No incurrís en culpa si en ello os equivocáis, pero sí si lo hacéis deliberadamente. Alá es indulgente, misericordioso." (Corán 33:5)

(VII.) JESUS

117. ¿Dos hombres ciegos?

Equivocación: Jesús sana a dos hombres ciegos en el camino a Jericó (Mateo 20:29-34) *contra* él sana a un hombre ciego (Marcos 10:46-52).

La excusa: Eso es lo que dice pero eso no es lo que significa. Aunque Marcos dice uno, él podría querer decir dos.

La refutación: (Vea la carta de la Contestación [E] en el Mapa de la Refutación). Curando a una persona ciega puede haber sido una coincidencia, pero curando a dos es un milagro absoluto. Para Marcos supuestamente ignorar el segundo ciego o simplemente enfocarse en uno e ignorar el otro es como una persona ignorando al sol ser eclipsado.

Además, en otras situaciones dónde habían dos individuos, Marcos menciona "ambos" o dos individuos:

"Y colgaron de maderos con él dos ladrones, uno a su mano derecha, y el otro a su mano izquierda." (Marcos 15:27)

La corrección: El Corán clarifica que Jesús se dio el poder por Dios para sanar a todas las personas ciegas, y por tal razón Jesús podría sanar más de una o dos personas, porque él tenía ese poder que Dios le dio de sanar a la gente.

"Y curaste al ciego de nacimiento y al leproso con Mi permiso." (Corán 5:110)

118. ¿Algunos enfermos?

Equivocación: Jesús sanó a todos los enfermos (Mateo 8:16, Lucas 4:40) *contra* Jesús sanó a muchos (pero no a todos) (Marcos 1:32-34).

La excusa: Ninguno disponible.

La corrección: Según el Corán Sagrado, Jesús sanó aquéllos presente; no errando como la Biblia exigiendo que todos enfermos fueron sanado:

"Cuando dijo Alá: «¡Jesús, hijo de María!; Recuerda Mi gracia, que os dispensé a ti y a tu madre cuando te fortalecí con el Espíritu Santo y hablaste a la gente en la cuna y como adulto, y cuando le enseñé la Escritura, la Sabiduría, la Torá y el Evangelio. Y cuando creaste de arcilla a modo de pájaros con Mi permiso, soplaste en ellos y se convirtieron en pájaros con Mi permiso. Y curaste al ciego de nacimiento y al leproso con Mi permiso. Y cuando resucitaste a los muertos con Mi permiso. Y cuando alejé de ti a los Hijos de Israel cuando viniste a ellos con las pruebas claras y los que de ellos no creían dijeron: 'Esto no es sino manifiesta magia'." (Corán 5:110)

El Corán clarifica que la respuesta correcta es que Jesús curó muchas personas porque técnicamente, algunos enfermos con gripe u otra enfermedad menores no pudieron ser sanados. Pues Jesús no curó a todos como la Biblia dice. El Corán confirma el hecho que Jesús se dio el poder para curar algunos tipos de enfermedades pero no cada enfermedad.

119.   *Sin ninguna duda*

Equivocación: De las próximas veinte maneras, el Corán corrige la Biblia con respecto a la crucifixión exigida de Jesús y aquí daremos testimonio de una de las declaraciones más expansivas y fenomenales que cubre y resuelve el episodio entero.

El Corán quita el perplejo de la desorden en la Biblia rodeada sobre la crucifixión de Jesús. Durante más de 2,000 años, los eruditas de la Biblia se han enfatizado para armonizar a las siguientes tensiones (dieciocho en total) que el Corán releva con un solo verso.

Como un Juez, decidiendo un caso de asesinato, Alá, a través del Corán, releva la evidencia presunta de la Biblia declarando que hay una duda razonable. Listado en el orden cronológico las dieciocho demandas de la Biblia preceden el juicio del Corán:

¿Las alegaciones contestada?

Jesús no da respuesta a ningún cargo ante Pilato (Mateo 27:11-14) *contra* Jesús da respuestas a todos los cargos ante Pilato (Juan 18:33-37).

La excusa: Ninguno disponible.

La corrección: (Continuado de 120-139)

120.   ¿Muy pesado?

Equivocación: ¿Quién cargó la cruz? Los romanos compelieron a Simón llevar la cruz de Jesús (Mateo 27:32, Lucas 23:26, & Marcos 15:21) *contra* Jesús llevó la cruz él sólo (Juan 19:17).

La excusa: Los defensores de la Biblia siguen tratando de racionalizar esta disparidad proponiendo que Jesús se derrumbó después del azotamiento e interrogación en cual punto Simón llevó la cruz. El problema con este guión es que trae más preguntas que respuestas.

La refutación: Primero, si Jesús realmente se cayó y no llevó la cruz, ¿por qué ningunos de los discípulos no documentaron esta "caída de Jesús?" Segundo, si Juan borró el detalle de que Jesús fue demasiado decrépito para demostrar la divinidad de él, duda se desarrolla considerando ¿qué otros detalles se han borrado? Por otro lado, sólo el testimonio de Juan hace las declaraciones derogatorias que sugieren que Jesús es divino. Tercero, se mencionan detalles menores en el Evangelio de Juan, (por ejemplo, la hora exacta que Jesús se puso sobre la cruz en Juan 19:14). ¿Cómo puede entonces la ocurrencia de un discípulo compañero (Simón) participando en la crucifixión de Jesús ser despreciado?

Nosotros comprendemos que la sugerencia que el discípulo Juan "omitió" es inaceptable, lanzando una sombra aun más grande de desconfianza sobre la narración de la Biblia.

La corrección: (Continuado de 120-139)

121.   ¿Cómo colgaron a Jesús?

Equivocación: En Marcos 15:32 la Biblia nos dice que Jesús fue puesto en "la cruz" para ser crucificado:

"El Cristo, el rey de Israel, descienda ahora de la cruz, para que seamos testigos de vista..." (Marcos 15: 32)

La palabra usada aquí para "la cruz" en la edición griega es '*stauros*,' pero en 1 Pedro 2:24 nos dicen que Jesús se crucificó en un árbol:

"Él mismo llevó nuestros pecados en su cuerpo sobre el madero, para que nosotros siendo muertos a los pecados, vivamos a la justicia, por cuya herida habéis sido sanados." (1 Pedro 2:24)

La palabra en este verso para "madero" en la edición griega es "*xulon*."

La excusa: Los defensores de la Biblia siguen tratando de racionalizar esta disparidad proponiendo que hay una traducción mala del texto griego, pero damos testimonio que incluso en los versos de la versión griega hay diferentes palabras para describir el objeto de madera que alegan usar para derrotar a Jesús. Sí, pueden usarse un árbol y una cruz igualmente como una estaca, palo, o una vara, porque las palabras están relacionadas en el léxico, pero esta relación no excusa el hecho que se usaron dos palabras diferentes. Un árbol y una cruz también pueden tener significados completamente opuestos demostrando un grado igual de diferencia.

La refutación: Primero, haciendo pensar que hay una traducción mala de la Biblia (en el griego) es inaceptable porque los cristianos exigen que la Biblia es divina y que la Biblia es la palabra exacta de Dios en cada idioma. Segundo, ambas palabras usadas en griego son divergente y sus significados no son idénticos. Tercero, tal explicación intenta pontear los elementos de su original a su estado completado que es un proceso ausente entre los pasajes. Por ejemplo "él se mató con una piedra" o "él se mató con una escultura," dos armas diferentes aun de la misma materia, pintando un testimonio inestable.

La corrección: (Continuado de 120-139)

122. ¿Mi padre o abba?

Equivocación: ¿Cómo llamo Jesús a Dios mientras estaba en la cruz alegada? "¿Mi Padre?" (Mateo 26:39) o "¿Abba?" (Marcos 14:36).

La excusa: Traducción mala.

La refutación: (Vea la carta de la Contestación [F] en el Mapa de la Refutación)

La corrección: (Continuado de 120-139)

123. ¿El último rezo?

Equivocación: Hay un enigma con respecto a las últimas palabras antes de la crucifixión reputada. De hecho, ¿oro Jesús a Dios para prevenir la crucifixión?

"Y yéndose un poco más adelante, se postró sobre su rostro, orando, y diciendo: Padre mío, si es posible, pase de mí este vaso; pero no como yo quiero, sino como tú." (Mateo 26:39)

Aquí vemos que Jesús estaba orando para ser salvo:

"Y decía: Abba, Padre, todas las cosas son a ti posibles; traspasa de mí este vaso; mas no lo que yo quiero, sino lo que tú." (Marcos 14:36)

"Diciendo: Padre, si quieres, pasa este vaso de mí; pero no se haga mi voluntad, sino la tuya." (Lucas 22:42)

El problema mayor reside en el testimonio de Juan:

"Ahora está turbada mi alma; ¿y qué diré? Padre, sálvame de esta hora; mas por esto he venido en esta hora." (Juan 12:27)

Jesús niega que él orará para ser salvo. Dé se cuenta que la cita en la narración de Juan pasa durante la fiesta de pascua en el templo de Jerusalén, antes del juicio por los fariseos.

El problema importante en ésta narración es que Juan retrata a Jesús negando que él orará y omitiendo la oración de Jesús durante la crucifixión. En Juan 19:16-30, no hay ninguna oración como los otros tres discípulos documentaron. En cambio, Juan pinta un Jesús fuerte y silencioso.

Basado en las cuatro historias, tenemos que concluir que hay un tejido de mentiras. Si empezamos con los primeros tres discípulos y los comparamos con Jesús en el Evangelio de Juan, entonces los tres anteriores han hecho un testimonio falso porque Juan niega que Jesús rezó por su salvación. Pero si los tres realmente vieron a Jesús pedir por su liberación, entonces Juan era el testigo falso porque él exigió que Jesús no hizo la súplica y despreció el deseo de Jesús cuando fue hecho. Éste es un esfuerzo continuado por Juan, caracterizando a un Jesús que puede alzar la cruz solo sin la ayuda de Simón y no necesita la ayuda de Dios mientras está en la cruz.

La excusa: Apologéticos dicen que Jesús noblemente pero vacilante enfrentó la muerte.

La refutación: El problema con esta excusa es que Juan exige que Jesús enfrenta la muerte ávidamente porque eso era su propósito de ser – Jesús estaba esperando su vida entera por ese momento y no estaba a punto de estropearlo pidiendo ser salvado:

"Ahora está turbada mi alma; ¿y qué diré? Padre, sálvame de esta hora; mas por esto he venido en esta hora." (Juan 12:27)

Jesús no tiene problemas y demandas que él ni siquiera pedirá el rescato en el Evangelio de Juan, mientras que los otros tres Evangelios pintan a un Jesús que no sólo vacilaba de enfrentar la muerte pero también un Jesús que ávidamente evitó la muerte.

La corrección: (Continuado de 120-139)

124.   *¿La última palabra?*

Equivocación: Otra alteración son las últimas palabras supuestas de Jesús antes de que él muriera:

"Padre, en tus manos encomiendo mi espíritu." (Lucas 23:46)

contra

"Todo está cumplido." (Juan 19:30).

La excusa: 1) Los defensores de la Biblia tratan de racionalizar esta disparidad proponiendo que la proximidad de los dos discípulos torció sus descripciones. 2) Otro intentó de explicación es que Lucas usó las últimas palabras que él se sentía eran necesario para su versión del evangelio concentrándose en la humanidad de Jesús. Mientras Juan torció las palabras de Jesús para cumplir con su mensaje salvador.

La refutación: 1) Esto se puede excusar. Por ejemplo, dos testimonios de un accidente de tráfico pueden tener cuentos contrarios debido a dónde los observadores vieron el evento. Pero es inaceptable excusar cuentos contrarios entre autores de la Biblia porque ellos afirman que están documentando las palabras de Dios. 2) Este reclamo atrae más preguntas que respuestas, similar a como Juan anula Simón cargando la cruz.

La adición intencional, el anulo, o la alteración de las palabras o acciones de Jesús para aplacar su propia interpretación personal del carácter de Jesús es blasfemia y debe nombrarse por consiguiente "la opinión de Lucas o Juan sobre la Biblia," en lugar de "la Sagrada Biblia." En lugar de tener una grabación real, salimos con las conjeturas, las hipótesis, y como los defensores de la Biblia admiten, alteraciones para satisfacer las opiniones de los autores. Para concluir, ésta distinción muestra una falta de respeto en ambos autores, cambiando las últimas palabras presuntas de Jesús por su propia glotonería.

La corrección: (Continuado de 120-139)

125.   ¿Qué les dieron a Jesús para tomar?

Equivocación: Le dieron vino mezclado con mirra para beber (Marcos 15:23) *contra* le dieron vinagre mezclado con hiel para beber (Mateo 27:34).

La excusa: 1) Los defensores de la Biblia siguen tratando de racionalizar esta disparidad proponiendo dos bebidas diferentes se dieron a Jesús en dos momentos diferentes. 2) Otra explicación es que la mirra y el hiel eran juntos mixtas.

La refutación: 1) Aunque ésta es una explicación esperanzada, no encaja el texto. Aquí son los versos en orden de Mateo y Marcos e incluyendo a ambas veces Jesús se dio la bebida:

Mateo	Marcos
El comienzo de la crucifixión:	El comienzo de la crucifixión:
27:34 – "Le dieron a beber vinagre mezclado con hiel; y habiéndolo probado, no quiso beberlo." (En el griego 'vino' es "*ozos*" significando una mezcla de vino agrio o vinagre y agua).	15:23 – "Y le dieron a beber vino mezclado con mirra; mas él no lo tomó." (En éste verso, la palabra griega usada para vino es "*oinos*" que significa simplemente vino).
varias horas después	varias horas después

133

27:48 – " Y luego, corriendo uno de ellos, tomó una esponja, y la empapó de vinagre, y poniéndola en una caña, le daba de beber." (El vinagre aquí es *"ozos"* como anteriormente).	15:36 – "Y corrió uno, y empapando una esponja en vinagre, y poniéndola en una caña, le dio a beber..." (Aquí la palabra griega para vinagre es *"ozos"* con el significado de vino agrio o vinagre).

Consiguientemente, la excusa de bebidas diferentes a tiempos diferentes sólo es valido si nosotros estamos examinando el testimonio de sólo un discípulo. Además una inspección paralela refuta esta excusa porque vemos que bebidas diferentes se dieron entre Marcos y Mateo.

Ésta es otra justificación no válida porque la mezcla de los dos no se menciona. Consideramos que se especifican las mezclas en otras partes de la Biblia:

"Para los que se detienen junto al vino, para los que van buscando la mixtura." (Proverbios 23:30)

"Tu plata se ha convertido en escoria, y tu vino se ha adulterado con agua." (Isaías 1:22)

Por consiguiente, si el vino fuera mixto con algo, así como tan básico un elemento como el agua, se habría mencionado. Para concluir, si la mirra ya fuera incluida para mejorar el olor del vino, no se habría mencionado separadamente en Marcos. Y si Marcos fue tan detallado para mencionar la mirra, entonces él habría mencionado la hiel ciertamente.

La corrección: (Continuado de 120-139)

126. *Los dos ladrones burlones*

Equivocación: ¿Cuántos ladrones sobre la cruz se burlaron de Jesús?

"El Cristo, Rey de Israel, descienda ahora del madero, para que veamos y creamos. También los que estaban colgados de maderos con él le denostaban." (Marcos 15:32)

En éste pasaje, ambos ladrones colgantes ridiculizaron a Jesús:

"Y uno de los malhechores que estaban colgados, le injuriaba, diciendo: Si tú eres el Cristo, sálvate a ti mismo y a nosotros. Y respondiendo el otro, le reprendió, diciendo: ¿Ni aun tú temes a Dios, estando en la misma condenación?   " (Lucas 23:39-40).

Sólo un ladrón ridiculizó a Jesús y el otro lo defendió.

La excusa: Defensores de la Biblia siguen tratando de racionalizar esta disparidad proponiendo al lector que sea menos literal o exacto, en cambio sugiere que tengamos una interpretación imaginativa. El guión ficticio que nos píden que traguemos es que ambos ladrones se burlaron de Jesús al principio, y entonces uno se arrepintió.

La refutación: Sabemos que ésta es una razón falsa porque si uno de los ladrones se arrepintiera de hecho, entonces el remordimiento se habría documentado como los Evangelios graban al centurión arrepintiéndose debajo de Jesús.

"Y el centurión que estaba delante de él, viendo que había expirado así clamando, dijo: Verdaderamente este hombre era el Hijo de Dios." (Marcos 15:39 y Mateo 27:54)

"Cuando el centurión vio lo que había acontecido, dio gloria a Dios, diciendo: Verdaderamente este hombre era justo." (Lucas 23:47)

A lo largo de la Biblia, si un arrepentimiento pasó, sobre todo en la presencia de Jesús, se grabó. Pero si no pasó, no se graba como en el caso del delincuente.

Otro problema con este pasaje de Lucas es que la sucesión polariza a Marcos más aun. Marcos declara que ambos delincuentes se mofaban de Jesús. Entonces dice que Jesús lloró dos veces y fastidiándose hasta la muerte por un tercer espectador (Marcos 15:36). Esto está en contraste con el Jesús profético de Lucas.

Mientras tres espectadores se burlaron de un Jesús penoso hasta su última hora en Marcos, Lucas documenta un reproche por el otro ladrón que estaba callado hasta tal ocasión. Esta refutación por el ladrón lleva acabo un monólogo honrado por Jesús desatendido en Marcos:

"Entonces Jesús le dijo: De cierto te digo, que hoy estarás conmigo en el paraíso." (Lucas 23:43)

Para concluir, entre más examinamos los diálogos sobre la cruz, más diversidad vemos. Vemos dos ladrones burlones y dos lamentos en Marcos y vemos a un ladrón burlón, y un lamento. Consiguiente, vemos una diferencia más grande que un arrepentido presunto. Al parecer hay dos cuentos diferentes.

La corrección: (Continuado de 120-139)

127. *Te veo en el Cielo*

Equivocación: Una promesa prematura fue que Jesús le prometió el paraíso al prisionero el viernes como día empeñado (Lucas 23:43), pero todavía en domingo Jesús dice que él no ha ido al Cielo (Juan 20:17).

La excusa: 1) La peculiaridad del período de tiempo entre viernes y domingo se culpa a menudo de la puntuación entre el griego u otros idiomas. Éste insulta a nuestro Creador porque pretende que Dios tomará parte en pronunciaciones impropias. 2) Eso es lo que dice pero eso no es lo que significa. El Espíritu de Jesús fue inmediatamente al Cielo pero su cuerpo no.

La refutación: 1) La excusa de una traducción mala o mal-puntuada es inaceptable en luz del Corán bonito y auténtico. También vea la carta de la Contestación [I] en el Mapa de la Refutación.

2) Si Jesús realmente quiso decir que su cuerpo no había subido todavía, entonces él habría especificado su cuerpo en lugar de declarar "yo" (como conjunto) no ha ido al Padre todavía. El Evangelio habla del cuerpo más de 120 veces:

"...todo tu cuerpo sea echado al quemadero..." (Mateo 5:29)

Jesús se diferencia a menudo de su cuerpo:

"Esto es mi cuerpo, que por vosotros es dado..." (Lucas 22:19)

Así que es inexcusable que él no menciona o no especifica que sólo su cuerpo no vio a Dios como los defensores de la Biblia afirman.

Otra razón por qué esta excusa (del espíritu sólo) es defectuosa es que según cristianos, Jesús era Dios, y su espíritu estaba ya junto. Consiguientemente no había razón porque el espíritu estuviera que ascender, y su reunión supuesta estaba supuesto de venir el domingo como Jesús declara.

La tercera razón que esta excusa es inválida es que esto hace Jesús ser un mentiroso. Si su espíritu o alma ya ascendió a Dios y regresó, entonces Jesús sería un mentiroso porque dice, "yo no he ascendido todavía a Mi Padre."

La corrección: (Continuado de 120-139)

128.   ¿Se cae la cortina?

Equivocación: ¿Se murió Jesús antes que la cortina del templo fue rasgado?

Mateo 27:50-51 y Marcos 15:37-38 dicen que sí *contra* Lucas 23:45-46 que lo niega.

La excusa: Lucas escribió los eventos en el orden inverso.

La refutación: Esto es un racional selectivo, mientras desatendiendo que lo resto del Evangelio de Lucas no es escrito en el orden inverso. Por consiguiente, no podemos aceptar que simplemente esta parte está en reversa para perdonar la contradicción e ignorar el resto del orden cronológico de Lucas.

La corrección: (Continuado de 120-139)

129.   ¿Las horas?

Equivocación: ¿Adonde estaba Jesús en la sexta hora? ¿Estaba Jesús sobre la cruz a la sexta hora (Marcos 15:33)? Esto está *contra* lo que dice Juan 19:14 que él estaba en la corte de Pilato a la sexta hora.

También

Fue la tercera hora, y ellos lo crucificaron (Marcos 15:25) *contra* era la víspera de la Pascua, como la hora sexta, y todavía no lo crucificaron (Juan 19:14).

La excusa: Mateo, Marcos, y Lucas usaron el sistema numérico de las horas de día hebrea opuesto a Juan que usó la numeración romana.

La refutación: Primero, Juan era así tan judío como los otros tres evangelistas. Naturalmente, ellos habría usado el mismo formato de tiempo. Por ejemplo, americanos estadounidenses usan "millas" para medir distancia y no usan "kilómetros."

Segundo, parece que Juan no estaba usando un formato de tiempo diferente, sino el estaba en una zona de tiempo diferente. Mientras todavía era día en los otros Evangelios (Marcos 14:12-17), era de noche según Juan:

"Cuando él pues hubo tomado el bocado, luego salió; y era ya noche." (Juan 13:30)

Tercero, si aplacamos a los apologéticos, asumiremos para el momento que Juan usó el formato de tiempo romano. Lo que los cristianos ignoran es que los romanos dividieron la noche entre cuatro relojes de 3-horas, mientras que el formato judío dividía la noche en tres relojes de 4-horas.

"Mas a la cuarta vela de la noche, Jesús fue a ellos andando sobre el mar." (Mateo 14:25)

Marcos 6:48 también dice, "cuarta vela." Ambos indican que Mateo y Marcos usaban el formato romano también. Por consiguiente, si Juan usaba el formato romano, esto demuestra que Mateo y Marcos también usaban este método de tiempo.

Cuarto, los estudiosos cristianos discrepan sobre que el error es de una diferencia entre los formatos de tiempos romanos y judíos:

Según el Comentario de Adán Clarke (*Adam Clarke Commentary*) el pasaje de Juan 19:14 debe leer "la tercera hora" y que hay un error de manuscrito.

La corrección: (Continuado de 120-139)

130. *Encomio*

Equivocación: "Y el centurión que estaba delante de él, viendo que había expirado así clamando, dijo: Verdaderamente este hombre era el Hijo de Dios." (Marcos 15:39 y Mateo 27:54) *contra* "Cuando el centurión vio lo que había acontecido, dio gloria a Dios, diciendo: Verdaderamente este hombre era justo." (Lucas 23:47)

La excusa: Traducción mala.

La refutación: (Vea la carta de la Contestación [I] en el Mapa de la Refutación)

La corrección: (Continuado de 120-139)

131. ¿Confirmación de muerte?

Equivocación: José de Arimatea le pide a Pilato el cuerpo de Jesús. Pilato no sabe si él está muerto; sólo después de enviar a un centurión y recibir esta confirmación le permite a José tomar el cuerpo (Marcos 15:43-45) *contra* Pilato autoriza a los soldados romper las piernas para asegurarlos a todos que se murieron y entonces autoriza que José quite el cuerpo (Juan 19:31-33, 38).

La excusa: Ninguno disponible.

La corrección: (Continuado de 120-139)

132. ¿Inscripción de la cruz?

Equivocación: ¿Que decía exactamente la cruz?

"Éste es Jesús el rey de los judíos" (Mateo 27:37) *contra* "El rey de los judíos" (Marcos 15:26) *contra* "Éste es el rey de los judíos" (Lucas 23:38) *contra* "Jesús de Nazaret, el rey de los judíos" (Juan 19:19).

La excusa: Traducción mala.

La refutación: (Vea la carta de la Contestación [I] en el Mapa de la Refutación)

La corrección: (Continuado de 120-139)

133. ¿Noches de Entierro?

Equivocación: Jesús estaba supuesto de ser enterrado tres días y noches (Mateo 12:40) *contra* Jesús fue enterrado un día y dos noches (Marcos 15:42, 43, Juan 20:1)

La excusa: Eso es lo que dice pero eso no es lo que significa. Los estudiosos de la Biblia se estiran mucho para intentar rectificar este problema. Hay estudiosos de la Biblia que hasta dicen que un día en este verso particular no significa un día de 24-horas.

La refutación: (Vea la carta de la Contestación [E] en el Mapa de la Refutación). Lo que los apologéticos no entienden es que si un día se corta o se extiende, uno de los dos versos contradictorios todavía será incoherente con el otro:

Si un día iguala a 12 horas en lugar de 24, todavía hay entonces un conflicto con Mateo 12:40 qué dice tres días mientras Juan 20:1 dice uno. Y si nosotros fuéramos extender los días, el mismo conflicto permanecería. Si se espera que nosotros creamos un día es más corto en un verso, entonces por consiguiente nosotros tenemos que acortar los días en la Biblia entera. El problema de 1 o 3 días todavía estaría allí.

La corrección: (Continuado de 120-139)

134. ¿Enrollo con especias?

Equivocación: El cuerpo de Jesús fue envuelto en especias antes del entierro (Juan 19:39-40) *contra* Jesús sólo se envolvió en una mortaja de lino y las especias se prepararon después del entierro (Marcos 16: 1).

La excusa: Marcos 16:1 está hablando de nuevas especias adicionales y no mencionó las especias que ciertamente estaban allí.

La refutación: Realmente, enterrándose con especias es una parte indispensable de las costumbres del entierro judías. Hubiera sido imprudente exigir que Marcos no lo mencionó cuando él mencionó otros artículos triviales como la especia en la bebida de Jesús (Marcos 15:23). Además, Marcos no dice "las especias extras;" en cambio, el Evangelio de Marcos simplemente dice "especias" o "aromas."

La corrección: (Continuado de 120-139)

135. ¿Quién lo dijo?

Equivocación: Un hombre joven en una túnica blanca les dijo a las mujeres donde Jesús estaba (Marcos 16:5) *contra* "Dos varones con vestiduras resplandecientes" después describiéndolo como dos ángeles

(Lucas 24:4 y 24:23) *contra* Maria se encontró con nadie y devolvió diciendo, "Han llevado al Señor del sepulcro, y no sabemos dónde le han puesto" (Juan 20:2).

La excusa: Maria Magdalena viendo la tumba abierta (Juan 20:1); ella volvió para decirles a los discípulos, mientras las otras dos mujeres entraron la tumba y vieron los ángeles.

La refutación: Realmente, los apologéticos están ignorando el hecho que las mujeres vieron el ángel rodar la piedra (Mateo 28:2-5). Entonces, si Maria Magdalena vio la tumba abierta, sin duda ella tuvo que ver el ángel abrir la tumba como las otras dos lo vieron (¿cómo puede alguien no ver un ángel mover un canto?) a menos que las historias son inexactas.

La corrección: (Continuado de 120-139)

136.   *¿Tocado?*

Equivocación: Maria y las otras mujeres se encontraron con Jesús cuando venían desde su primer y única visita a la tumba. Ellos tomaron su pies en las manos y lo adoraron (Mateo 28:9) *contra* Maria se encontró a Jesús en su segunda visita a la tumba. Se encontraron fuera de la tumba. Cuando ella vio a Jesús, ella no lo reconoció. Ella lo equivocó por jardinero. Ella todavía piensa que el cuerpo de Jesús está en otro lugar y ella exige saber donde. Sin embargo, cuando Jesús dijo su nombre ella lo reconoció en seguida y lo llamó "Maestro." Jesús le dijo, "no me toques..." (Juan 20:11-17).

La excusa: Sólo los testimonios de hombres eran legales en el primer siglo, así, nosotros tenemos cuentas incompletas. Los testimonios de todas las mujeres no se grabaron porque ellos no eran legalmente legítimos en esos días.

La refutación: ¿Entonces por qué grabarlo en la Biblia y causar las diferencias y contradicciones? Los cuentos no sólo están incompletos, ellos son inexactos. Un cuento dice que Jesús fue tocado, sostenido, y adorado. El otro cuento dice que Jesús ni fue reconocido e instruyó a no ser tocado.

La corrección: (Continuado de 120-139)

137. *Permitiendo la muerte de Jesús*

Equivocación: Jesús se rescató de la muerte como un infante (Mateo 2:13), y Jesús se rescató él mismo en algunas ocasiones (Juan 7:1, Juan 8:59, Juan 12:36-37), pues, ¿por qué entonces no fue Jesús rescatado de la cruz?

La excusa: No era su tiempo todavía:

"Entonces procuraban prenderle; mas ninguno puso en él mano, porque aún no había venido su hora." (Juan 7:30)

La refutación: No hay importancia cronológica de la fecha de la crucifixión supuesta. De hecho, si fuera tener un significado sacrificatorio, se suponía que fuera hecho cuando Jesús era un niño (Éxodo 12:5):

"El cordero será sin defecto, macho de un año; lo tomaréis de las ovejas o de las cabras."

La corrección: (Continuado de 120-139)

138. *¿Cuerpos diferentes?*

Equivocación: Jesús apareció con un cuerpo diferente después de la resurrección (Marcos 16:12) *contra* Jesús no apareció con un cuerpo diferente después de la resurrección (Lucas 24:34).

La excusa: Un error del copista. Marcos 16:9-20 no se encuentra en muchos manuscritos antiguos.

La refutación: (Vea la carta de la Contestación [F] en el Mapa de la Refutación).

La corrección: Los estudiosos de la Biblia confirman que los ojos fueron hechos ver a una persona diferente en vez de Jesús (Lucas 24:16). Esto agrega a la perplejidad en la Biblia porque si Jesús se pareciera a otra persona, entonces inevitablemente la persona en la cruz era alguien que se fue hecho parecerse a Jesús porque Jesús se parecía como otro. Esto tiene sentido perfecto en el Corán porque no habría ninguna explicación lógica por otra parte para Jesús ser formado como otra persona en la tumba.

(Continuado de 120-139)

139. ¿Jesús supo?

Equivocación: Según la Biblia, ¿son las oraciones contestadas?

El humilde se contestará:

"Si se humillare mi pueblo, sobre los cuales ni nombre es invocado, y oraren, y buscaren mi rostro, y se convirtieren de sus caminos malos; entonces yo oiré desde los cielos, y perdonaré sus pecados, y sanaré su tierra." (2 Paralipómenos 7:14)

El serio y puro se contestará:

"Si tú de mañana buscares a Dios, y rogares al Todopoderoso; fueres limpio y derecho, cierto luego se despertará sobre ti, y hará próspera la morada de tu justicia." (Job 8:5-6)

El temeroso se contestará:

"Cumplirá el deseo de los que le temen; y su clamor oirá, y los salvará." (Salmos 145:19)

El virtuoso se contestará:

"Lejos está el Señor de los impíos; mas él oye la oración de los justos." (Proverbios 15:29)

Incluso, hasta Jesús enseña que se contestarán las oraciones; se contestarán las oraciones públicamente:

"Mas tú, cuando ores, entra en tu cámara, y cerrada tu puerta, ora a tu Padre que está en secreto; y tu Padre que ve en secreto, te pagará en público." (Mateo 6:6)

Las oraciones de todos se contestarán:

"Pedid, y se os dará; buscad, y hallaréis; tocad, y se os abrirá. Porque cualquiera que pide, recibe; y el que busca, halla; y al que toca, se le abre." (Mateo 7:7-8)

Si dos oran juntos, sus oraciones se contestarán:

"Si dos de vosotros se pusieren de acuerdo en la tierra, de toda cosa que pidieren, les será hecho por mi Padre que está en los cielos." (Mateo 18:19)

Los creyentes se contestarán:

"Y todo lo que pidiereis en oración, creyendo, recibiréis." (Mateo 21:22)

Se contestarán a los adoradores:

"Y sabemos que Dios no oye a los pecadores; mas si alguno es temeroso de Dios, y hace su voluntad, a éste oye." (Juan 9:31)

Vemos que en general el virtuoso se concederá la redención. Basado en estos requisitos previos, las acciones y palabras de Jesús lo ampliamente calificó para el rescate.

Entonces, ¿por qué es que los rezos de Jesús no fueron concedidos. Vemos que Jesús intentó orarle a Dios para quitarse del sufrimiento:

"Y yéndose un poco más adelante, se postró sobre su rostro, orando, y diciendo: Padre mío, si es posible, pase de mí este vaso; pero no como yo quiero, sino como tú." (Mateo 26:39, Marcos 14:36, y Lucas 22:42)

Aquí, Jesús enfrentando la ejecución, ora a Dios para su libertad. Pero al contrario a todas las promesas que el virtuoso se ganará, en la hora de su desesperación la oración de Jesús se desampara:

"Mas Jesús, habiendo otra vez exclamado con gran voz, dio el Espíritu." (Marcos 15:37 y Mateo 27:50)

Aquí Jesús dio su grito una segunda vez, sin palabras grabadas, y muere, mientras en Lucas y Juan, se graban palabras contrarias pero el resultado es lo mismo, la muerte.

"Entonces Jesús, clamando a gran voz, dijo: Padre, en tus manos encomiendo mi espíritu. Y habiendo dicho esto, dio el espíritu." (Lucas 23:46)

"Cuando Jesús tomó el vinagre, dijo: Consumado es. Y habiendo inclinado la cabeza, dio el Espíritu." (Juan 19:30)

En tres de los cuatro Evangelios, Jesús grita por lo menos una vez y oró para ser salvo. En dos de los cuatro, Jesús gritó una segunda vez. En todos los Evangelios, Jesús se graba siendo crucificado, mientras desplegando el abandono por parte de Dios con respecto a las oraciones de Jesús.

Agregando otro insulto a Dios, debido a que esta oración no fue contestada, Jesús se retrata como un incrédulo, un hombre dudoso, ansioso, deseando ser rescatado, que dijo en su rechazó:

"Y cerca de la hora novena, Jesús exclamó con gran voz, diciendo: Elí, Elí, ¿lama sabactani? Esto es: Dios mío, Dios mío, ¿por qué me has desamparado?" (Mateo 27:46)

Religiones no-cristianas ven esta oración sin contesta como una descalificación de Jesús. Aún el Corán enseña que la oración de Jesús fue contestada.

La excusa: Dios quiso que Jesús muera y consiguientemente no se contestaron las oraciones de Jesús.

La refutación: ¿Qué? Aquí es donde los apologéticos cristianos confunden la Biblia aun más. En un lado, los cristianos exigen que Jesús es Dios, y cuando nosotros hemos leído, Jesús quiso ser salvo. ¿Quiere decir, por consiguiente, que el dios trinitario quiso ser salvo de la cruz? Sin embargo para explicar esta contradicción, los cristianos intentan tener ambas maneras diciendo que en ese momento, Jesús no era Dios, y el Dios Real no quiso que Jesús se salvara. Los cristianos dicen que su trinidad es 'un Dios.' En ese caso, ¿cómo pudo este Dios querer dos cosas diferentes al mismo momento? Si Dios quiere que Jesús muera, ¿cómo es que Jesús (siendo Dios también) se quiere salvar? Aquí nosotros destapamos la falacia porque Dios no puede tener una lucha contra si mismo para vivir.

La corrección: Alá, la última autoridad, ha emitido un veredicto sobre la crucifixión:

"Y por haber dicho (en jactancia): «Hemos dado muerte al Ungido, Jesús, hijo de María, el enviado de Alá», siendo así que no le mataron ni le crucificaron, sino que les pareció así. Los que discrepan acerca de él, dudan. No tienen conocimiento (cierto) de él, no siguen más que conjeturas. Pero, ciertamente no le mataron, (Corán 4:157)

Por consiguiente, el Corán demuestra qué los editores de la Biblia han intentando esconder la verdad basado en los testimonios de Marcos, Mateo, Lucas, y Juan. Si los cristianos aman a Jesús tanto como ellos exigen, los cristianos no insistirían que Jesús se mató con toda la evidencia contradictoria que rodea el asesinato, especialmente desde que él se encontró vivo después de unos días.

140.   *El otro cachete*

Equivocación: Jesús dijo, "No resistáis con mal; antes a cualquiera que te hiriere..." (Mateo 5:39, Mateo 26:52) *contra* lo que Jesús dijo, "...venda su capa y compre espada." (Lucas 22:36)

La excusa: Algunas palabras Bíblicas se están tomando literalmente en lugar de simbólicamente o metafóricamente. "Vuelve la otra mejilla" figuradamente significa, "sea moral."

La refutación: Realmente, vuelva la otra mejilla era un mando literal porque Jesús mismo demostró esta ley:

"Y como él hubo dicho esto, uno de los criados que estaba allí, dio una bofetada a Jesús, diciendo: ¿Así respondes al sumo sacerdote? Le respondió Jesús: Si he hablado mal, da testimonio del mal; y si bien, ¿por qué me hieres?" (Juan 18:22-23)

En vez de atacando al funcionario o causando que el funcionario se evapora (ya que los cristianos exigen que Jesús es Dios), en cambio Jesús razona con el guardia.

Esto significa que si sus enemigos atacan, usted tienes que permitirles que te ataquen sin hacerle nada. Usted tiene que tomar el castigo sin reaccionar. Si los cristianos en la historia permitieran estos ataques como Jesús pidió, ¡no habría ningún cristiano hoy!

La corrección: El Corán salva la Biblia con respecto a la regla supuestamente dado por Jesús clarificando que si te atacan, es mejor tener paciencia y perdonar el ataque. Pero entonces si el ataque continúa, tenemos el permiso para sólo desquitarnos del ataque con una cantidad igual de fuerza que se usó contra nosotros:

"Si castigáis, castigad de la misma manera que se os ha castigado. Pero, si tenéis paciencia, es mejor para vosotros." (Corán 16:126)

Por consiguiente, tenemos el permiso de rechazar ataques para protegernos, pero Dios prefiere el perdón.

141. ¿Hijo de hombre o de Maria?

Equivocación: En la Biblia, Jesús es llamado "hijo de hombre" 85 veces. Con lo que hemos visto, es lógico decir que los escribas cambiaron la palabra Maria a hombre. Ya que las mujeres tenían un estado bien bajo en los tiempos de la Biblia, es probable que los editores de la Biblia mejor se referían a Jesús como el hijo de un "hombre" en lugar de hijo de una "mujer." La palabra griega para 'mujer' en la Biblia es *"oudemia"* mientras que la palabra para 'hombre' es *"oude"* cortando la palabra. Así que podemos ver cómo la palabra mujer pudiera ser cortada.

Si la Biblia estuviera libre de alteraciones y cambios, entonces habría llamado a Jesús propiamente "el hijo de Maria." Así como Adán, Jesús no tiene ningún padre. Pues, ¿no se le parece absolutamente ilógico llamar a Jesús 'hijo de hombre?' ¿Tenían vergüenza los escritores de la Biblia de darle a Cristo un nombre con el origen de una mujer?

La excusa: Ninguno disponible.

La corrección: Porque nosotros somos considerados iguales en el Corán y el machismo u orgullo masculino no tenían ninguna parte en la creación del Corán, Jesús se nombra correctamente como "el hijo de Maria" mientras que la Biblia todavía lo llama 'hijo de hombre.'

No sabemos sus motivaciones políticas o personales pero están ausentes del Corán, gracias a Dios:

"Cuando los ángeles dijeron: «¡María! Alá te anuncia la buena nueva de una Palabra que procede de Él. Su nombre es el Ungido, Jesús, hijo de María, considerado en la vida de acá y en la otra y será de los allegados." (Corán 3:45)

142. ¿Una virgen o mujer joven?

Equivocación: Los judíos y cristianos pelean entre ellos con respecto al uso de Isaías 7:14 como confirmación del nacimiento de Jesús:

"Por tanto, el mismo Señor os dará señal: He aquí que la virgen concebirá, y dará a luz un hijo, y llamará su nombre Emmanuel." (Isaías 7:14).

Pero los estudiosos hebreos atestan que este pasaje está hablando de una doncella, no una virgen, concluyendo que esto no es una profecía.

El problema es la palabra hebrea que se usa para virgen aquí es "*almah.*" Según la Concordancia Hebrea de Strong *(Strong's Hebrew Concordance)* esta palabra significa, "una virgen, una mujer joven de edad casadera o sirvienta o una mujer recientemente casada." Consiguientemente, la palabra "*almah*" no siempre significa 'virgen.' Adicionalmente, hay una palabra hebrea más exacta para virgen: "*bethulah.*"

La excusa: Los dos tienen argumentos válidos.

La refutación: En los días de Jesús, las leyes del adulterio eran sumamente estrictas, incluso mortal. Por consiguiente, a menos que la doncella se identificaba como una mujer casada, entonces 99% del tiempo ella iba ser una virgen.

Nota: ella no se llama una ramera o adúltera como las mujeres promiscuas solteras se llamaban en la Biblia. Esto demuestra que ella es una virgen como la mayoría de mujeres jóvenes eran durante los días de Jesús.

La corrección: El Corán cristaliza el hecho que Maria era una virgen:

"Y a María, hija de Imran, que conservó su virginidad y en la que infundimos de Nuestro Espíritu. Tuvo por auténticas las palabras y Escritura de su Señor y fue de las devotas." (Corán 66:12)

143. ¿Lleno del Espíritu?

Equivocación: Jesús estaba lleno del Espíritu Santo después de la muerte (Juan 7:39) *contra* Jesús estaba lleno del Espíritu Santo antes del nacimiento (Lucas 1:41, 67).

La excusa: Ninguno disponible.

La corrección: El Corán enseña que Jesús tenía espíritu desde el principio y su misión era de enseñar, no de morir.

¡Gente de la Escritura! ¡No exageréis en vuestra religión! ¡No digáis de Alá sino la verdad: que el Ungido, Jesús, hijo de María, es solamente el enviado de Alá y Su Palabra, que Él ha comunicado a María, y un espíritu que procede de Él!" (Corán 4:171)

144.   ¿Jesús juzga?

Equivocación: Jesús juzga (Juan 5:22, 27, 9:39) *contra* Jesús no juzga (Juan 3:17, 8:15, 12:47).

La excusa: Jesús, el hombre, no juzga pero cuando Él volverá en su segunda venida, Él juzgará.

La refutación: Cuando la Biblia exige que Jesús juzga, no especifica "durante la segunda venida," Así, la contradicción queda.

La corrección: El Corán enseña que el último juicio pertenece a Dios solo, no Jesús:

"Y si algunos de vosotros creen en el mensaje que se me ha confiado y otros no, tened paciencia hasta que Alá decida entre nosotros. Él es el Mejor en decidir." (Corán 7:87)

"(O Mohamet) ¡Sigue lo que se te ha revelado y ten paciencia hasta que Alá decida! ¡Él es el Mejor en decidir!." (Corán 10:109)

145.   ¿Jesús es demonio?

Equivocación: En un error claro dentro de la Biblia, Jesús profesa ser Lucifer, una falla seria ausente del Corán. En la Biblia, Jesús y Satanás tienen el mismo apodo: "Estrella de la Mañana."

"¿Cómo caíste del cielo, oh lucero de la mañana, hijo de la aurora? ¿Fuiste precipitado por tierra, tú, que has sido la ruina de las naciones?" (Isaías 14:12)

Incluso el Léxico Hebreo del Antiguo Testamento KJV *(KJV Old Testament Hebrew Lexicon)* declara que "la estrella de la mañana" significa Lucifer, el portador de la luz, rey de Babilonia, y Satanás.

Espantosamente, Jesús entonces se atribuye este título a él mismo:

"Yo Jesús he enviado mi ángel para daros testimonio de estas cosas en las Iglesias. Yo soy la raíz y el linaje de David, y la estrella resplandeciente de la mañana." (Revelación 22:16)

Cristianos usan a menudo este método de atribución para Jesús en sus esfuerzos por demostrarle la divinidad de Jesús, por ejemplo:

"Y respondió Dios a Moisés: Yo soy El que Soy. Y dijo: Así dirás a los hijos de Israel: Yo Soy (*YHWH*) me ha enviado a vosotros." (Éxodo 3:14)

Estos cristianos tratan de unir este pasaje de Éxodo con el Evangelio de Juan intentando de explicar que Jesús es Dios:

"Les dijo Jesús: De cierto, de cierto os digo: Antes que Abraham fuese, yo soy." (Juan 8:58)

Usando esta misma lógica, los cristianos transfieren las analogías descriptivas de un carácter en la Biblia a otro – por tal razón, Jesús se personifica como Satanás.

La excusa: Traducción mala.

La refutación: (Vea la carta de la Contestación [I] en el Mapa de la Refutación)

La corrección: Para concluir, mientras la Biblia equivocadamente hace un demonio de Jesús, el Corán llama a Jesús: "La declaración de la verdad" (Corán 19:34), "Siervo de Dios" (Corán 19:30) "El Mesías" (Corán 9:31), y "Con el espíritu de Dios" (Corán 4:171).

146.   *¿Jesús dice mentiras?*

Equivocación: Según la Biblia, Jesús se graba como comprometiendo una mentira:

"Vosotros subid a esta Fiesta; yo no subo aún a esta Fiesta, porque mi tiempo aún no es cumplido. Y habiéndoles dicho esto, permaneció en Galilea. Mas como sus hermanos hubieron subido, entonces él también subió al día de la Fiesta, no manifiestamente, sino como en cubierto." (Juan 7:8-10)

La excusa: No era una mentira porque Jesús no entro en la manera que los hermanos quisieron. Ellos querían que Jesús fuera abiertamente y Jesús fue privadamente.

La refutación: El problema no es la técnica de cómo Jesús salió, el asunto es que Jesús declaró, "yo no voy," y en cuanto los hermanos salieron, Jesús rompió con su palabra y fue.

La corrección: El Corán no confirma que tal mentira ocurrió. En cambio el Corán Sagrado declara que Jesús es la palabra de Dios, la Verdad y una declaración de la Verdad:

"Cuando los ángeles dijeron: «¡María! Alá te anuncia la buena nueva de una Palabra que procede de Él. Su nombre es el Mesías, Jesús, hijo de María, considerado en la vida de acá y en la otra y será (entre la compañía) de los allegados." (Corán 3:45)

"Tal es Jesús hijo de María, para decir la Verdad, de la que ellos dudan.." (Corán 19:34)

147.   ¿Veracidad del testigo?

Equivocación: El testimonio de Jesús fue verdad (Juan 8:14) *contra* el testimonio de Jesús fue falso (Juan 5:31).

La excusa: Todos los hombres son mentirosos, así Jesús, el hombre era un testigo falso ante los judíos, pero Jesús el Dios era un verdadero testigo.

La refutación: Aquí los apologéticos nos dan más confusión. Un mentiroso no puede ser un hombre honrado. Y un hombre honrado no es un mentiroso. Sí, un hombre honrado puede decir una mentira pero estaría degradando el nombre de Dios si uno lo llama un mentiroso o un testigo falso.

La corrección: El Corán Sagrado explica que Jesús no era Dios pero que su testimonio es verdad. Dios asigna a Jesús ser un testigo en el Corán y nunca declara que el testimonio de Cristo es falso:

"Entre la gente de la Escritura no has nadie que no crea en Él antes de su muerte. Él día de la Resurrección servirá de testigo contra ellos." (Corán 4:159)

148. ¿Enviado al mundo?

Equivocación: No predique a los Samaritanos (Mateo 10:5-6) *contra* predique a los Samaritanos (Juan 4:4-41, Actos 8:5, 14, 15, 25).

La excusa: Ambos son correctos; al principio Jesús vino para los judíos solamente, después que los judíos rechazaron a Jesús, y la resurrección, ellos podrían predicar a los Gentiles como Pablo explica:

"...al judío primeramente y también al griego." (Romanos 1:16)

La refutación: Hay problemas múltiples con esta excusa:

Primero, por qué no va a los gentiles desde el principio – sobre todo cuando Jesús paso 10 años en Egipto (Mateo 2:13-23).

Segundo, cristianos exigen que Jesús es Dios, y la Biblia dice que Dios no cambia a Su mente (1 Samuel 15:29); consiguientemente Jesús no puede maldecir los gentiles y después tratar de salvarlos.

Tercero, cuando Jesús supuestamente se resucitó, él podría viajar alrededor del mundo a predicar, pero él se quedó en Israel.

Cuarto, después de la resurrección y aun después de que Jesús dejo la tierra, los discípulos todavía no podían predicar a los gentiles (Actos 11:2-3).

La corrección: El Corán clarifica que Jesús fue sólo enviado a los hijos de Israel:

"Y cuando Jesús, hijo de María, dijo: «¡Hijos de Israel! Yo soy el que Alá os ha enviado, en confirmación de la Torá (que vino) anterior a mí, y como nuncio de un Enviado que vendrá después de mí, llamado Ahmad». Pero, cuando vino a ellos con las pruebas claras, dijeron: «¡Esto es magia manifiesta!»" (Corán 61:6)

"Y cuando alejé de ti a los Hijos de Israel cuando viniste a ellos con las pruebas claras y los que de ellos no creían dijeron: 'Esto no es sino manifiesta magia'." (Corán 5:110)

149. ¿Ovejero u oveja?

Equivocación: Jesús es un pastor (Juan 10:11) *contra* Jesús es una oveja (Juan 1:29).

La excusa: Jesús era ambos; fue una guía para personas que lo aceptaron como sacrificio.

La refutación: Si él vino para enseñar (como pastor), él habría enseñado para el resto de su vida natural. Si él vino para ser un sacrificio (como oveja), él se habría permitido ser cogido y matado cuando en su niñez (Mateo 2:14) porque un cordero sacrificatorio sólo es válido cuando joven:

"El cordero será sin defecto, macho de un año; lo tomaréis de las ovejas o de las cabras." (Éxodo 12:5)

Esta es la misma razón que Dios le dijo a Abrahán que tenía que sacrificar su hijo (vea 87 y 88).

La corrección: El Sagrado Corán declara que Jesús vino como un maestro y Profeta con las intenciones de dar la sabiduría y no para derramar sangre:

"Cuando Jesús vino con las pruebas claras (de la soberanía de Dios), dijo: «He venido a vosotros con la Sabiduría y para aclararos algo de aquello en que discrepáis. ¡Temed, pues, a Alá y obedecedme!.»" (Corán 43:63)

150.   ¿Fue Cristo desgraciado?

Equivocación: Jesús fue maldecido (Gálatas 3:13) *contra* Jesús no fue maldecido (Salmos 72:17).

La excusa: Jesús fue ambos; él fue maldecido en la tierra y bendito en el Cielo.

La refutación: Los apologéticos se inclinan a nuevas profundidades para evitar una disparidad. Es chocante que ellos puedan llamar a su Dios presunto y salvador "maldito" mientras la Biblia dice que Satanás es el maldito (Génesis 3:14).

La corrección: El Corán corrige el insulto Bíblico al Profeta Jesús diciendo que él fue bendito en la tierra y en el Cielo:

"Cuando los ángeles dijeron: «¡María! Alá te anuncia la buena nueva de una Palabra que procede de Él. Su nombre es el Ungido, Jesús, hijo de María, considerado en la vida de acá y en la otra y será de los allegados." (Corán 3:45)

151. ¿Descendió al Infierno?

Equivocación: Jesús descendió al Infierno:

"Porque también el Cristo padeció una vez por los pecados, el justo por los injustos, para llevarnos a Dios, siendo a la verdad muerto en la carne, pero vivificado en espíritu; en el cual también fue y predicó a los espíritus encarcelados, los cuales en el tiempo pasado fueron desobedientes, cuando una vez se esperaba la paciencia de Dios en los días de Noé, cuando se aparejaba el arca; en la cual pocas, es a saber, ocho personas fueron salvas por agua." (1 Pedro 3:18–20)

Una nota: En el Credo de los Apóstoles reitera 1 Pedro 3:18–20 diciendo "(Jesús) que fue concebido por obra y gracia del Espíritu Santo, nació de Santa María Virgen; padeció bajo el poder de Poncio Pilato, fue crucificado, muerto y sepultado, descendió a los infiernos..."

contra

Jesús ascendió al Cielo (Lucas 23:43).

La excusa: Los condenados en 1 Pedro 3:18-20 eran ángeles del Cielo que Jesús intentó salvar; por consiguiente Jesús fue al Cielo, no al Infierno.

La refutación: Exigiendo que Jesús estaba intentando salvar los ángeles para evitar la demanda Bíblica penosa que Jesús descendió al Infierno en lugar del Cielo, es una afrenta a los pasajes de la Biblia y el credo que contradice esto. Una lectura selectiva no concederá a que Jesús descendió al Infierno en la Biblia.

Primero, la razón por qué las almas de los condenados en 1 Pedro 3:18–20 no pueden ser ángeles es porque ellos eran de "los días de Noé, cuando se aparejaba el arca." Nosotros sabemos que se crearon los ángeles ante de la creación de la humanidad (Job 38:4-7).

Segundo, se tiene que decir que Jesús no podría estar rescatando a ángeles condenados en el Cielo porque según la Biblia, el Cielo es un lugar para los virtuosos mientras que la morada para los ángeles condenados es el Infierno (Mateo 25:41).

En 2 Pedro 2:4, los ángeles encarcelados están en "Tartaro," una palabra griega describiendo un lugar 'más bajo que el Infierno' o un 'abismo.' Consiguientemente, en un esfuerzo para defender a Jesús del Infierno, ellos han expuesto que Jesús está en un abismo – un lugar más bajo que el Infierno.

Una nota: Algunos cristianos intentan insinuar que el Corán Sagrado sugiere que Jesús va ir al Infierno porque dice que aquéllos que se rinden culto a ídolos y sus ídolos irán al Infierno (Corán 21:98). Jesús en el Evangelio es similar y diferente de como Jesús se presenta en el Corán en que no hay ninguna ambigüedad acerca de la entidad de Jesús. El Jesús islámico no irá al Infierno, porque los musulmanes no se rinden culto a Jesús. Los ídolos mencionados en el Corán Sagrado pueden ser las cruces y estatuas yacidas por la mayoría de las iglesias.

La corrección: El Corán corrige el insulto Bíblico al Profeta Jesús diciendo que Jesús fue al Cielo, no el Infierno:

"sino que Alá lo elevó a Sí. Alá es poderoso, sabio." (Corán 4:158)

152.   *¿El primero a ser resucitado?*

Equivocación: Jesús fue el primero en ser resucitado (1 Corintios 15:20) *contra* otros fueron resucitados ante de Jesús (1 Reyes 17:22; 2 Reyes 13:21).

La excusa: Los otros fueron resucitados mientras lo de Jesús fue una resurrección porque Jesús es inmortal.

La refutación: Para corregir una diferencia, los apologéticos agregan más contradicciones en su esfuerzo. Si Jesús era genuinamente inmortal, entonces él no se habría muerto en primer lugar.

La corrección: El Corán corrige la Biblia en eso indicando que han habido resurrecciones ante Jesús y nunca dice que Jesús era el único ser resucitado:

"O como quien pasó por una ciudad en ruinas. Dijo: «¿Cómo va Alá a devolver la vida a ésta después de muerta?» Alá le hizo morir y quedar así durante cien años. Luego, le resucitó y dijo: «¿Cuánto tiempo has permanecido así?» Dijo: «He permanecido un día o parte de un día». Dijo: «No, que has permanecido así cien años. ¡Mira tu alimento y tu bebida! No se han echado a perder. ¡Mira a tu asno! Para hacer de ti un signo para los hombres. ¡Mira los huesos, cómo los componemos y los cubrimos de carne!». Cuando lo vio claro, dijo: «Ahora sé que Alá es omnipotente»." (Corán 2:259)

153.   _Primogénito_

Equivocación: "(Jesús) El cual es la imagen del Dios invisible, el Primogénito de toda criatura." (Colosenses 1:15) _contra_ "Porque por él (Jesús) fueron creadas todas las cosas que están en los cielos, y que están en la tierra, visibles e invisibles; sean tronos, sean dominios, sean principados, sean potestades; todo fue creado por él y en él." (Colosenses 1:16)

Hay confusión acerca de cuando Jesús se creó (o primero, como fue Adán o siglos después a través de Maria). Una cosa está clara, que Jesús fue creado y por definición, no puede ser el Creador.

La excusa: Traducción mala de la palabra griega "_prototokos_" qué debe traducirse como "preeminente" en lugar de "primogénito," significando que Jesús es el Creador.

La refutación: (Vea la carta de la Contestación [I] en el Mapa de la Refutación).

La corrección: El Corán enseña que Adán fue el primogénito y que Jesús fue hecho en un modo similar a la creación de Adán:

"Él es Quien os ha creado de una sola persona (Adán), de la que ha sacado a su cónyuge (Eva) para que encuentre quietud en ella..." (Corán 7:189)

"Para Alá, Jesús es semejante a Adán, a quien creó de tierra y a quien dijo:«¡Sé!» y fue.." (Corán 3:59)

154.   _¿Fue Maria pecadora?_

Equivocación: Los Protestantes debaten contra los Católicos con respecto al estado de Maria. Los Protestantes dicen que ella era una pecadora (Lucas 1:46) *contra* los Católicos que defienden a Maria diciendo que ella era pura (Lucas 1:28).

La excusa: Ambos tienen argumentos válidos.

La corrección: El Corán Sagrado corrige los conceptos erróneos múltiples acerca de la madre del Mesías:

"Y cuando los ángeles dijeron:«¡María! Alá te ha escogido y purificado. Te ha escogido entre todas las mujeres del universo." (Corán 3:42)

155. *Hipócrita*

Equivocación: La Biblia insulta a Jesús retratándolo como un hipócrita. En la Biblia, Jesús dice, '...Cualquiera que dijere: necio será culpado del quemadero del fuego.' (Mateo 5:22) mientras brevemente después, Jesús dice que cualquiera que oye sus palabras y no los hace es un necio (Mateo 7:26).

Avanzando, en Mateo 23:17-19 Jesús llama dos veces a los fariseos necios ciegos. En Mateo 25:2-3, 8 Jesús compara a las doncellas que no tomaron el aceite a necias. Así, Jesús es comprometido al mismo pecado hipócritamente que él predicó contra en la Biblia.

La excusa: Eso es lo que dice pero eso no es lo que significa.

La refutación: (Vea la carta de la Contestación [E] en el Mapa de la Refutación). La palabra "necio" no tiene ningún significado dual. Si la frase se dice enojadamente o suavemente, (qué Jesús lo dijo en ambos tonos), la palabra todavía tiene el mismo significado.

La corrección: Dios aclara a Jesús de la hipocresía en el Corán Sagrado. El Corán clarifica que Jesús era derecho, honrado, y predicaba las noticias buenas de Alá, no la profanidad:

"Cuando Jesús vino con las pruebas claras, dijo: «He venido a vosotros con la Sabiduría y para aclararos algo de aquello en que discrepáis. ¡Temed, pues, a Alá y obedecedme." (Corán 43:63)

"Tras ellos, mandamos a Nuestros otros enviados, así como Jesús, hijo de María, a quien dimos el Evangelio. Pusimos en los corazones de quienes le siguieron mansedumbre, misericordia y monacato. Este último fue instaurado por ellos -no se lo prescribimos Nosotros- sólo por deseo de satisfacer a Alá, pero no lo observaron como debían. Remuneramos a quienes de ellos creyeron, pero muchos de ellos fueron unos perversos." (Corán 57:27)

"¡Creyentes! Sed los auxiliares de Alá como cuando Jesús, hijo de María, dijo a los apóstoles: «¿Quiénes son mis auxiliares en la vía que lleva a Alá?» Los apóstoles dijeron: «Nosotros somos los auxiliares de Alá». De los hijos de Israel unos creyeron y otros no. Fortalecimos contra sus enemigos a los que creyeron y salieron vencedores." (Corán 61:14)

156. *El perdón antes de Cristo*

Equivocación: Las personas ante de Jesús fueron al Cielo (2 Reyes 2:11) *contra* nadie irá al Cielo a menos que ellos aceptan a Jesús (Juan 10:9, 14:6).

La excusa: La Biblia confirma que los profetas anteriores creían en Dios (Santiago 2:23) y esto es igual al creer en Jesús.

La refutación: Según Pablo, creyendo en Jesús no es suficiente – uno tiene que aceptar el sacrificio de sangre de Jesús (Romanos 5:9) qué fue imposible para las personas anteriores postular porque Jesús no había venido todavía a la tierra.

La corrección: El Corán Sagrado da un sistema justo de salvación que da la responsabilidad a las criaturas de Dios del pasado y del futuro.

"...Nadie cargará con la carga ajena..." (Corán 39:7)

"Alá no hará ni el peso de un átomo de injusticia a nadie. Y si se trata de una obra buena, la doblará y dará, por Su parte, una magnífica recompensa." (Corán 4:40)

157. *¿Dijo Todo?*

Equivocación: Jesús dijo todo a sus discípulos (Juan 15:15) *contra* Jesús no dijo todo a sus discípulos (Juan 16:12).

La excusa: Eso es lo que dice pero eso no es lo que significa. Juan 15:15 está hablando del tiempo presente, no del tiempo futuro.

La refutación: (Vea la carta de la Contestación [E] en el Mapa de la Refutación). El problema es que los seguidores de la Biblia creen que Jesús es Dios. Desde la perspectiva cristiana, Juan 15:15 está diciendo "Todo lo que yo se de mí yo le permití saber." Éste sigue siendo una contradicción directa con Juan 16:12 qué declara qué todavía hay mucho más que les dirán. Una pregunta, ¿aprendió Dios algo nuevo de un capítulo al próximo?

La corrección: El Corán corrige y confirma qué Jesús estaba siendo honesto cuando él dijo, "hay mucho más para decir por otro más."

"A quienes sigan al Enviado, el Profeta de los gentiles, a quien ven mencionado en sus textos: en la Tora y en el Evangelio, que les ordena lo que está bien y les prohíbe lo que está mal, les declara lícitas las cosas buenas e ilícitas las impuras, y les libera de sus cargas y de las cadenas que sobre ellos pesaban. Los que crean en él, le sostengan y auxilien, los que sigan la Luz enviada abajo con él, ésos prosperarán." (Corán 7:157)

158.   ¿Abolió las leyes de Moisés?

Equivocación: Jesús no vino para abolir la ley (Mateo 5:17-19, Lucas 16:17) *contra* Jesús abolió la ley de Moisés (Efesios 2:13-15, Hebreos 7:18-19).

La excusa: Se suponía que las leyes fueron seguidas hasta la resurrección. Después de la resurrección, las leyes se terminaron:

"Limpiad pues la vieja levadura, para que seáis nueva masa, como sois sin levadura; porque nuestra Pascua, Cristo, es sacrificada por nosotros." (1 Corintios 5:7)

La refutación: Es una noción defectuosa exigir que las leyes que se siguieron hacia milenios sólo fue hecho para ser temporal. El Dios de Abrahán y Jesús declaró que las leyes son para siempre:

"Eterno," "Para todas las generaciones," "una ordenanza perpetua" (Éxodo 27:21; 28:43; 29:28; 30:21; 31:17; Levítico 6:18, 22; 7:34, 36; 10:9, 15; 17:7; 23:14, 21, 41; 24:3; Números 10:8; 15:15; 18:8, 11, 19, 23; 19:10; Deuteronomio 5:29; Salmos 119:160) y no se pueden cambiar o no se quitará nada de la ley (Deuteronomio 4:2; 12:32).

Jesús confirma que las Leyes son para todas las generaciones y son eterna porque él mismo sigue las leyes (Mateo 8:4, 26:19, Juan 7:10).

Sus acciones decían mucho y además de sus acciones, Jesús también declaró:

"No penséis que he venido para desatar la ley o los profetas; no he venido para desatarla, sino para cumplirla. Porque de cierto os digo, que hasta que perezca el cielo y la tierra, ni una jota ni una tilde perecerá de la Ley, hasta que todas las cosas sean cumplidas." (Mateo 5:17-18)

En conclusión, el Dios de Abrahán, de la Biblia, de los Profetas, y del Mesías todos dicen que las Leyes son inacabables. Los piadosos tienen un enemigo verdadero, él quién lleva a las personas descaminado a través del letargo.

La corrección: Dios a través del Corán Sagrado explica que la salvación se da a través de una combinación de fe y acciones:

"La verdadera invocación es la que se dirige a Él. Los que invocan a otros, en lugar de invocarle a Él, no serán escuchados nada. Les pasará, más bien, como a quien, deseando alcanzar el agua con la boca, se contenta con extender hacia ella las manos y no lo consigue. La invocación de los infieles es inútil." (Corán 13:14)

El Santo Corán explica que las acciones buenas son para nuestro beneficio:

"¡Creyentes! Cuando os dispongáis a hacer la azalá, lavaos el rostro y los brazos hasta el codo, pasad las manos por la cabeza y lavaos los pies hasta el tobillo. Si estáis en estado de impureza legal, purificaos. Y si estáis enfermos o de viaje, si viene uno de vosotros de hacer sus necesidades, o habéis tenido contacto con mujeres y no encontráis agua, recurrid a arena limpia y pasadla por el rostro y por las manos. Alá no quiere imponeros ninguna carga, sino purificaros y completar Su gracia en vosotros. Quizás, así seáis agradecidos." (Corán 5:6)

El Corán Sagrado nos enseña qué Jesús sólo vino para clarificar las escrituras anteriores, no cambiarlas, y para promover la ley más importante – el rendirse a culto de nuestro Creador:

"Cuando Jesús vino con las pruebas claras, dijo: «He venido a vosotros con la Sabiduría y para aclararos algo de aquello en que discrepáis.

¡Temed, pues, a Alá y obedecedme. Alá es mi Señor y Señor vuestro. ¡Servidle, pues! ¡Esto es una vía recta!" (Corán 43:63-64)

(VIII.) LA TRINIDAD

159.   ¿Rey de todos?

Equivocación: Hay un problema multidimensional en la Biblia con la declaración que Jesús es el Rey de los reyes. Primero, dentro de su vida, Jesús nunca exigió ser el Rey de los reyes, sólo el rey de judíos:

"Y Pilato le preguntó: ¿Eres tú el Rey de los Judíos? Y respondiendo él, le dijo: Tú lo dices." (Marcos 15:2)

Segundo, brevemente después qué Jesús exigió ser el rey de los judíos, él se refutó:

"El Cristo, Rey de Israel, descienda ahora del madero, para que veamos y creamos. También los que estaban colgados de maderos con él le denostaban." (Marcos 15:32)

Tercero, después de la muerte de Jesús, Pablo en un esfuerzo de hacerlo un dios dice:

"Ellos pelearán contra el Cordero, y el Cordero los vencerá, porque es el Señor de señores, y el Rey de reyes..." (Revelación 17:14)

El problema con Pablo llamando a Jesús el rey de todos es triple: 1) Jesús nunca exigió ser el rey de todos, sólo de los judíos, 2) Jesús se murió supuestamente en la cruz, desacreditando su majestad y 3) el título "el Rey de reyes" ya se tomó por otro hombre

"Artajerjes, rey de los reyes, a Esdras sacerdote, escriba perfecto de la ley del Dios del cielo..." (Esdras 7:12)

Por consiguiente, el título "el Rey de reyes" con respecto a Jesús en la Biblia es desacreditado por él, pero también hay conflicto con otros hombres qué tuvieron el título.

La excusa: Ninguno disponible.

La corrección: En el Corán Santo, ninguna otra criatura viviente como en la Biblia (Ezequiel 26:7, 1 Reyes 10:23, Esdras 7:12 y Revelación 17:14), se han llamado "el Rey de reyes" salvo Dios exclusivamente:

¡Exaltado sea Alá, el Rey verdadero! ¡No te precipites en la Recitación antes de que te sea revelada por entero! Y di: «¡Señor! ¡Aumenta mi ciencia!»" (Corán 20:114)

"Lo que está en los cielos y en la tierra glorifica a Alá, el Rey, el Santísimo, el Poderoso, el Sabio." (Corán 62:1)

"Es Alá -no hay más dios que Él-, el Rey, el Santísimo, la Paz, Quien da Seguridad, el Custodio, el Poderoso, el Fuerte, el Sumo. ¡Gloria a Alá! ¡Está por encima de lo que Le asocian!" (Corán 59:23)

(Continuado de 159 a 187)

160.   ¿El Sagrado?

Equivocación: "Y nosotros hemos creído, y sabemos que tú eres el santo de Dios." (Juan 6:69) *contra* "Y Jesús le dijo: ¿Por qué me dices bueno? Ninguno hay bueno, sino sólo uno, Dios." (Marcos 10:18)

La excusa: Eso es lo que dice pero eso no es lo que significa.

La refutación: (Vea la carta de la Contestación [E] en el Mapa de la Refutación). Asombrosamente, los apologéticos reinterpretan a Marcos 10:18 para decir, '¿Saben que usted me están llamando Dios?' Los estudiosos de la Biblia ignoran el contexto pero el pasaje precedente trae la realidad a su distorsión:

"Y saliendo él para seguir su camino, vino uno corriendo, e hincando la rodilla delante de él, le preguntó: Maestro bueno, ¿qué haré para poseer la vida eterna?" (Marcos 10:17)

Consiguientemente, Jesús fue llamado un maestro, como eran otros hombres incluso Barnabé y Simón (Actos 13:1)

De hecho, según Pablo, un "maestro" es tercero en la cadena de autoridad:

"Y a unos puso Dios en la Iglesia, primeramente apóstoles, luego profetas, lo tercero maestros; luego facultades; luego dones de sanidades; ayudas, gobernaciones, géneros de lenguas." (1 Corintios 12:28)

En primer lugar es Dios, segundo son los apóstoles (obviamente Pablo se piensa muy favorablemente), y tercero en religiosidad son los Profetas, y cuarto son los maestros. Pues esto es un estiramiento largo qué los estudiosos de la Biblia hacen tomando la palabra "maestro" en Marcos 10:17 y sobrepasándolo a la cabeza de la línea espiritual.

El hombre buscando a Jesús no tenía ningún objetivo en llamar a Jesús "divino," en cambio, el hombre sólo estaba felicitando a Jesús como "inteligente."

Un "maestro bueno" es inteligente, informado, y con sabiduría. Luego Jesús refuta al hombre diciendo, "sólo Dios es bueno," significando que sólo Dios tiene todo conocimiento y es sobre todos otros en la sabiduría. Jesús lo repite en los siguientes pasajes:

"Pero de aquel día y de la hora, nadie sabe; ni aun los ángeles que están en el cielo, ni el mismo Hijo, sino sólo el Padre." (Marcos 13:32)

"Les respondió Jesús, y dijo: Mi doctrina no es mía, sino de aquel que me envió." (Juan 7:16)

Otra razón es qué sabemos qué la palabra "maestro" en Marcos 10:17 no puede tener ninguna importancia divina porque a lo largo de la Biblia entera, Dios nunca se dá el nombre "Maestro."

Para concluir, los cristianos tuercen un pasaje dónde Jesús está claramente negando ser el Sagrado (pero no niega ser un "maestro"— cuarto en línea de estatura religiosa). Esto es un perjuicio a la humanidad.

La corrección: "Es Alá -no hay más dios que Él-, el Rey, el Santísimo, la Paz, Quien da Seguridad, el Custodio, el Poderoso, el Fuerte, el Sumo. ¡Gloria a Alá! ¡Está por encima de lo que Le asocian!" (Corán 59:23)

(Continuado de 159 a 187)

161.   ¿La Paz?

Equivocación: "Por cuanto agradó al Padre que en él habitase toda plenitud, y por él reconciliar todas las cosas a sí, pacificando por la sangre de su madero, así lo que está en la tierra como lo que está en los cielos." (Colosenses 1:19, 20) *contra* "No penséis que he venido para meter paz en la tierra; no he venido para meter paz, sino espada." (Mateo 10:34)

La excusa: Eso es lo que dice pero eso no es lo que significa – hay una distinción entre el propósito y el resultado.

La refutación: (Vea la carta de la Contestación [E] en el Mapa de la Refutación). Nosotros todavía vemos que aun cuando nos enfocamos en los resultados (en lugar del propósito – enviar una espada a la tierra), Jesús nos dejó con mucha conmoción desde su nacimiento.

"Herodes entonces, viéndose burlado de los sabios, se enojó mucho, y envió, y mató a todos los niños que había en Belén y en todos sus términos, de edad de dos años abajo, conforme al tiempo que había entendido de los sabios." (Mateo 2:16)

Y después qué Jesús se fue:

"Entonces sobrevinieron unos judíos de Antioquía y de Iconio, que persuadieron a la multitud, y habiendo apedreado a Pablo, le sacaron fuera de la ciudad, pensando que ya estaba muerto." (Actos 14:19)

Nosotros vemos que cuando Jesús vino a la tierra y cuando se fue de la tierra, había conmoción como era el caso con todos los Profetas. No hay ninguna paz, y hasta el momento, las guerras continúan. La demanda improbable que Jesús reconcilió "todas las cosas por su sangre" no posee ninguna validez. "Todas las cosas" no están en paz como los sabios de la Biblia exigen que Jesús estableció.

La corrección: El Corán Sagrado clarifica qué Dios, no Jesús, es el único qué puede traer la paz pero esa paz es condicional – depende en la libertad de los humanos escoger la paz. Si los humanos buscan el amor, ellos recibirán el amor, así que el Corán nos da correcciones múltiples: 1) no había ninguna sangre sacrificatorio en el Corán y 2) Dios enseña cómo lograr la paz verdadera en el Corán:

"Y cuando Abraham dijo: «¡Señor! Haz de ésta una ciudad segura y provee de frutos a su población, a aquéllos que crean en Alá y en el último Día». Dijo: «A quienes no crean, es dejaré que gocen por breve tiempo. Luego, les arrastraré al castigo del Fuego. ¡Qué mal fin...!»!" (Corán 2:126)

Dios le contestó la oración del Profeta Abrahán, pero especificó condiciones para la paz:

"Por medio de la cual Alá dirige a quienes buscan satisfacerle por caminos de paz y les saca, con Su permiso, de las tinieblas a la luz, y les dirige a una vía recta.." (Corán 5:16)

Paz no se concede incondicionalmente a todos a través de un sacrificio de sangre como dice la Biblia; en cambio, hay varias condiciones realistas para recibir la paz de Él qué dá paz:

"Si, al contrario, se inclinan hacia la paz, ¡inclínate tú también hacia ella! ¡Y confía en Alá! Él es Quien todo lo oye, Quien todo lo sabe." (Corán 8:61)

Además de las condiciones para paz en la tierra, el Corán clarifica que el último lugar de Paz está en el Cielo dónde la tranquilidad se realmente apacigua:

"Su invocación allí será: «¡Gloria a Ti, Alá!» Su saludo allí será: «¡Paz!» y terminarán con esta invocación: «¡Alabado sea Alá, Señor del universo!»" (Corán 10:10)

"Alá invita a la Morada de la Paz y dirige a quien Él quiere a una vía recta.." (Corán 10:25)

Para concluir, Dios nos enseña: 1) paz en la tierra es condicional, 2) aquéllos que atentamente buscan la paz recibirán paz, y 3) el último lugar de paz es el Cielo. Finalmente, Dios y no Jesús es la Fuente de Paz:

"Es Alá -no hay más dios que Él-, el Rey, el Santísimo, la Paz, Quien da Seguridad, el Custodio, el Poderoso, el Fuerte, el Sumo. ¡Gloria a Alá! ¡Está por encima de lo que Le asocian!" (Corán 59:23)

(Continuado de 159 a 187)

162.   ¿Confiado?

Equivocación: "...creéis en Dios, creed también en mí..." (Juan 14:1) *contra* "(Jesús le dijo) Vosotros subid a esta Fiesta; yo no subo aún a esta Fiesta, porque mi tiempo aún no es cumplido. Y habiéndoles dicho esto, permaneció en Galilea. Mas como sus hermanos hubieron subido, entonces él también subió al día de la Fiesta, no manifiestamente, sino como en cubierto." (Juan 7:8-10)

La excusa: No era una mentira porque Jesús no entró en la moda que los hermanos quisieron. Ellos querían que Jesús fuera abiertamente y Jesús fue privadamente.

La refutación: El problema no es si Jesús estaba pensando salir privadamente en lugar de ir manifiestamente. El asunto es que Jesús exigió haber declarado "yo no voy," y en cuanto los hermanos salieron, Jesús se pinta haber mentir y fue.

La corrección: Nosotros vemos en el Corán que nosotros podemos poner nuestra confianza de forma consistente en Dios.

"Y ¡confía en el Viviente, Que no muere! ¡Celebra Sus alabanzas! El está suficientemente informado de los pecados de Sus siervos." (Corán 25:58)

"Dos de sus hombres, temerosos de Alá, a quienes Alá había agraciado, dijeron: «Entrad contra ellos por la puerta. Una vez franqueada, la victoria será vuestra. Si sois creyentes, ¡confiad en Alá!».." (Corán 5:23)

"Nuestro Señor lo abarca todo en Su ciencia. ¡Confiamos en Alá! ¡Señor, decida según Justicia entre nosotros y nuestro pueblo! Tú eres Quien mejor decide».." (Corán 7:89)

Vemos que Alá tiene y es confiado mientras que Jesús no fue confiado cuando estaba sobre la cruz alegada en Marcos 15:32.

(Continuado de 159 a 187)

163.   *¿El Protector?*

Equivocación: La Biblia alega que aquéllos que se unen con Jesús serán protegidos por él: "Yo soy la puerta; el que por mí entrare, será salvo..." (Juan 10:9)

Además del hecho que según la Biblia Jesús no pudo ni siquiera salvarse él mismo cuando estaba sobre la cruz – también damos testimonio de que el apóstol auto-proclamado primero de Jesús, Pablo, que tampoco se pudo salvar a pesar de la promesa supuesta de protección de Jesús:

"Entonces sobrevinieron unos judíos de Antioquía y de Iconio, que persuadieron a la multitud, y habiendo apedreado a Pablo, le sacaron fuera de la ciudad, pensando que ya estaba muerto." (Actos 14:19)

Así que Jesús no tenía el poder de ser un protector para él mismo ni para aquéllos devotos de él.

La excusa: Dios quiso que Jesús muera y por eso es que Dios no contestó las oraciones de Jesús para protegerlo.

La refutación: Aquí es donde los apologéticos cristianos confunden la Biblia aun más. Ellos exigen que Jesús es Dios pero como hemos leído, Jesús quiso ser salvo. Esto parece ser, consiguientemente, que Dios se quiso salvar de la cruz.

No obstante, para explicar la contradicción, los cristianos intentan tenerlo en ambas maneras diciendo que en ese momento Jesús no era Dios y que el Dios Real no quiso que Jesús sea salvo.

Los cristianos demandan que su trinidad es un Dios. Si eso es el caso, ¿cómo pudo este Dios trinitario querer dos cosas diferentes al mismo momento? Aquí destapamos la falacia porque usted no puede tener un Dios luchándose para vivir.

La corrección: El Santo Corán corrige los errores múltiples de la Biblia declarando:

"Alá es el Protector de los que creen, les saca de las tinieblas a la luz. Los que no creen, en cambio, tienen como amigos a los taguts,* que les sacan de la luz a las tinieblas. Ésos morarán en el Fuego eternamente. (Corán 2:257)

Tagut = ídolos falsos, dioses falsos, tiranos, etc.

La protección de Dios se extendió a Jesús el momento él le pidió ser salvo (Corán 4:157) así como la protección de Dios en el Corán se extendió al Profeta Mohamet:

"Mohamet estaba sentado bajo un árbol cuando un pagano con una espada se acercó para matarlo. El pagano le preguntó '¿quien lo protegerá?' Mohamet contestó 'Alá,' y en ese momento el pagano brincó adelante al Profeta Mohamet y tropezó con un tocón y dejó caer la espada que Mohamet recogió y devolvió al pagano. Le preguntó (Mohamet) al pagano, '¿quién lo habría protegido?' y el pagano contestó 'nadie.' Desde ese día, el pagano se convirtió en musulmán y uno de los compañeros más íntimos del Profeta Mohamet. (Volumen 5, Libro 59, Número 460: narrado por Yabir bin 'Abdul-lah).

(Continuado de 159 a 187)

164.   ¿Fuerte y Poderoso?

Equivocación: "...(Cristo), el cual es la cabeza de todo principado y potestad." (Colosenses 2:10) *contra* "No puedo yo de mí mismo hacer nada; como oigo, juzgo; y mi juicio es justo, porque no busco mi voluntad, sino la voluntad del que me envió, del Padre." (Juan 5:30)

La excusa: Usted tiene que entender el contexto del verso.

La refutación: (Vea la carta de la Contestación [C] en el Mapa de la Refutación). El contexto de Juan claramente dice más adelante cómo Jesús es inválido sin su Creador.

La corrección: "¿No han ido por la tierra y mirado cómo terminaron sus antecesores, aun siendo más poderosos? Nada, ni en los cielos ni en la tierra, puede escapar a Él. Es omnisciente, omnipotente." (Corán 35:44)

"Y, ciertamente, la gente de Faraón fue advertida. Desmintieron todos Nuestros signos y les sorprendimos como sorprende Uno poderoso, potísimo." (Corán 54:41-42)

(Continuado de 159 a 187)

165.   ¿El Omnipotente?

Equivocación: "Porque el Cristo para esto murió, y resucitó, (y volvió a vivir,) para enseñorearse así de los muertos como de los que viven." (Romanos 14:9) *contra* "Habéis oído cómo yo os he dicho: Voy, y vengo a vosotros. Si me amaseis, ciertamente os gozaríais, (porque he dicho) que voy al Padre; porque el Padre mayor es que yo." (Juan 14:28)

La excusa: Eso es lo que dice pero eso no es lo que significa. El hijo es menos que el Padre en su rango, pero no en su naturaleza.

La refutación: (Vea la carta de la Contestación [E] en el Mapa de la Refutación). Por lo menos hemos recibimos una confesión parcial de los estudiosos de la Biblia que Jesús es menos que Dios. En resumen, si Jesús es menos que su Creador en cualquier moda, forma o función (como el propio Jesús admite), entonces lógicamente, Jesús no es igual a

Dios. Por ejemplo, uno no puede haber hecho menos trabajo que su colega y también exigir tener una cantidad igual. Uno puede decir que están haciendo el mismo trabajo, pero analíticamente el trabajo de uno es mayor que el otro. El presidente y vicepresidente de una compañía no son iguales aunque ellos actúan como uno en la compañía.

La corrección: "Los temerosos de Alá estarán entre jardines y arroyos, en una sede buena, junto a un potísimo Monarca." (Corán 54:54-55)

"Él es Quien domina a Sus siervos. Envía sobre vosotros a custodios. Cuando, al fin, viene la muerte a uno de vosotros, Nuestros enviados (los ángeles) le llaman, no se descuidan.." (Corán 6:61)

(Continuado de 159 a 187)

166.   *¿El Creador?*

Equivocación: "Porque por él (Jesús) fueron creadas todas las cosas que están en los cielos, y que están en la tierra, visibles e invisibles; sean tronos, sean dominios, sean principados, sean potestades; todo fue creado por él y en él." (Colosenses 1:16) *contra* "(Jesús) El cual es la imagen del Dios invisible, el Primogénito de toda criatura." (Colosenses 1:15) *contra* "Y he aquí, concebirás en tu vientre, y darás a luz un hijo, y llamarás su nombre Jesús." (Lucas 1:31)

Hay confusión acerca de cuando Jesús se creó: o primero, como Adán o siglos después a través de Maria. Una cosa está clara, que Jesús fue creado, y por tal definición, no puede ser el Creador.

La excusa: Traducción mala de la palabra griega *"prototokos"* qué debe traducirse como "preeminente" en lugar de "primogénito" haciendo que Jesús sea el creador en lugar de algo creado.

La refutación: (Vea la carta de la Contestación [I] en el Mapa de la Refutación). La Biblia está enigmáticamente lleno de errores de traducción. Los traductores pueden usar a cualquiera de los multitudes de significados de palabras vagas para insinuar la deidad de muchas de las personas en la Biblia incluso Jesús. El único problema con esta insinuación es que contradice otras partes de la Biblia que refuta su divinidad.

La corrección: El Corán Sagrado que se guarda en su idioma original (arábigo) clarifica que Jesús se creó como Adán (Corán 3:59) y que sólo Dios es el Creador:

"Que recuerdan a Alá de pie, sentados o echados, y que meditan en la creación de los cielos y de la tierra:«¡Señor! No has creado todo esto en vano ¡Gloria a Ti! ¡Presérvanos del castigo del Fuego!»" (Corán 3:191)

(Continuado de 159 a 187)

167. ¿El Perdonador?

Equivocación: Un Evangelio declara: "...el Hijo del hombre tiene potestad en la tierra de perdonar los pecados" (Marcos 2:10) mientras que el Evangelio de Lucas demuestra que Jesús no tiene la autoridad para perdonar:

"Y Jesús decía: Padre, perdónalos, porque no saben lo que hacen..." (Lucas 23:34)

Este pasaje demuestra que Jesús no tenía el poder incondicional para perdonar. Jesús también confirma su falta de poder:

"Y él (Jesús) les dice... el sentaros a mi mano derecha y a mi izquierda, no es mío darlo, sino a los que está aparejado por mi Padre." (Mateo 20:23)

La corrección: "Di: «Si amáis a Alá,¡seguidme! Dios os amará y os perdonará vuestros pecados. Dios es indulgente, misericordioso»." (Corán 3:31)

(Continuado de 159 a 187)

168. ¿El Omniscio?

Equivocación: "En el cual están escondidos todos los tesoros de la sabiduría y del conocimiento." (Colosenses 2:3) *contra* "Y (Jesús) dijo: ¿Dónde le pusisteis? Le dicen: Señor, ven, y ve." (Juan 11:34) y "Pero de aquel día y de la hora, nadie sabe; ni aun los ángeles que están en el cielo, ni el mismo Hijo, sino sólo el Padre." (Marcos 13:32)

La excusa: Debido a que Jesús estaba en forma de carne, él no supo todo.

La refutación: Aquí hay otra confesión de los estudiosos de la Biblia que Jesús no era igual a Dios, mientras desacreditando la trinidad por consiguiente. Para justificar a Marcos 13:32, ellos confirman la contradicción en Colosenses 2:3 que exige Jesús sabe todo mientras el propio Jesús reconoció su ignorancia.

La corrección: "Di: «Nadie en los cielos ni en la tierra conoce lo oculto, fuera de Alá. Y no presienten cuándo van a ser resucitados (para el Juicio)." (Corán 27:65)

"Di: «Alá sabe bien cuánto tiempo permanecieron. Suyo es (la sabiduría de) lo oculto de los cielos y de la tierra. ¡Qué bien ve y qué bien oye (todo)! Fuera de Él, los hombres no tienen amigo. Y Él no asocia a nadie en Su decisión»." (Corán 18:26)

(Continuado de 159 a 187)

169. ¿El Apreciable?

Equivocación: "Y he aquí, yo vengo presto, y mi galardón está conmigo, para recompensar a cada uno según fuere su obra." (Revelación 22:12) *contra* "Muchos me dirán en aquel día: Señor, Señor, ¿no profetizamos en tu nombre, y en tu nombre sacamos demonios, y en tu nombre hicimos muchas grandezas? Y entonces les confesaré: Nunca os conocí; apartaos de mí, obradores de maldad." (Mateo 7:22-23)

La excusa: Ninguno disponible.

La corrección: Mientras Jesús en la Biblia no da crédito a aquéllos que hacen algún bueno, el Corán muestra cómo Dios nos da la responsabilidad y apreciación:

"Ésta es la buena nueva que Alá anuncia a Sus siervos, que creen y obran bien. Di: «Yo no os pido salario a cambio, fuera de que améis a los parientes». A quien obre bien, le aumentaremos el valor de su obra. Alá es indulgente, muy agradecido)." (Corán 42:23)

"Para que Él les dé su recompensa y aún más de Su favor. Es indulgente, muy agradecido." (Corán 35:30)

"Si hacéis un préstamo generoso a Alá, Él os devolverá el doble y os perdonará. Alá es muy agradecido, benigno." (Corán 64:17)

(Continuado de 159 a 187)

170. ¿El Fuerte?

Equivocación: "Y saliendo, hallaron a un cireneo, que se llamaba Simón; a éste cargaron para que llevase su madero." (Mateo 27:32)

Una nota: según las mayoría de comentarios de la Biblia, incluso el Comentario Completo de Matthew Henry (*Matthew Henry Complete Commentary*), los romanos dieron la cruz a Simón porque: 1) era demasiado pesado para Jesús y 2) el peso de la cruz causó a que Jesús se desmayara. Temiendo que Jesús pudiera desmayarse o podría morirse antes de alcanzar la cuesta, los romanos le dieron la cruz a Simón.

La excusa: Los apologéticos conceden que Simón y Jesús llevaron la cruz porque era demasiado pesado y Jesús estaba demasiado débil para llevar la cruz solo.

Una nota: En Juan 19:17 no se menciona el nombre Simón ayudando a Jesús cargar la cruz.

La refutación: Es concedido que Jesús era demasiado débil para llevar la cruz. Los hombres tienen debilidades pero Dios no tiene ninguna debilidad.

La corrección: El Corán Santo muestra que Dios no tiene debilidades como dice la Biblia:

"No han valorado a Alá debidamente. Alá es, en verdad, fuerte, poderoso." (Corán 22:74)

"Alá es cortés con Sus siervos. Provee a las necesidades de quien Él quiere. Él es el Fuerte, el Poderoso" (Corán 42:19)

(Continuado de 159 a 187)

171. ¿El que ve todo?

Equivocación: "Yo soy el buen Pastor; y conozco mis ovejas, y las mías me conocen. (Juan 10:14; 19) *contra* Jesús sin conocimiento de dónde el cuerpo de Lázaro estaba: "Y dijo (Jesús): ¿Dónde le pusisteis? Le dicen: Señor, ven, y ve." (Juan 11:34)

La excusa: Los sabios bíblicos conceden que porque Jesús estaba en forma de hombre, él no pudo ver o saberlo todo.

La refutación: Por lo menos están de acuerdo que Jesús no podía ver todo como la mayoría de apologéticos bíblicos intenta afirmar.

La corrección: El Santo Corán clarifica que Alá tiene vista de todos nosotros:

"¡Hombres! ¡Temed a vuestro Señor, Que os ha creado de una sola persona, de la que ha creado a su cónyuge, y de los que ha diseminado un gran número de hombres y de mujeres! ¡Temed a Alá, en Cuyo nombre os pedís cosas, y respetad la consanguinidad! Alá siempre os observa.." (Corán 4:1)

(Continuado de 159 a 187)

172.   *¿El que contesta oraciones?*

Equivocación: "Si algo pidiereis en mi nombre, yo lo haré." (Juan 14:14) *contra* Jesús orando al parecer a Dios (o a él mismo) para ser salvo de la cruz según los creyentes trinitarios:

"Y cerca de la hora novena, Jesús exclamó con gran voz, diciendo: Elí, Elí, ¿lama sabactani? Esto es: Dios mío, Dios mío, ¿por qué me has desamparado?" (Mateo 27:46)

La excusa: Dios quiso que Jesús muera. Por eso es qué no se contestaron las oraciones de Jesús ser salvo.

La refutación: Los apologéticos cristianos confunden la Biblia aun más. Por una parte, los cristianos exigen que Jesús es Dios, pero como hemos leído, Jesús quiso ser obviamente salvo de la cruz – esto quiere decir que el 'dios' cristiano quiso ser salvo de la cruz. Sin embargo, los cristianos intentan explicar la contradicción diciendo que en ese momento Jesús no era Dios y que el Dios Real no quiso salvar a Jesús. Los creyentes de la trinidad afirman que su trinidad es un Dios, pues en ese caso, ¿cómo pudo este 'Dios' querer dos cosas diferentes en ese mismo momento?

Aquí nosotros destapamos la falacia de la trinidad porque, ¿cómo puede ser que Dios se está luchándose Él mismo para vivir?

La corrección: Dios en el Corán hace la diferencia entre los seres buenos y malos con respecto a las oraciones:

"Vuestro Señor ha dicho: «¡Invocadme y os escucharé! Los que, llevados de su altivez, no Me sirvan entrarán, humillados, en la gehena»." (Corán 40:60)

(Continuado de 159 a 187)

173.   ¿El Único?

Equivocación: "Y aquella Palabra fue hecha carne, y habitó entre nosotros; (y vimos su gloria,) gloria como del Unigénito del Padre, lleno de gracia y de verdad." (Juan 1:14) *contra* David siendo *también* un hijo primogénito:

"Yo recitaré el decreto. El Señor me ha dicho: Mi hijo eres tú; yo te engendré hoy." (Salmos 2:7)

La excusa: Los comentaristas Bíblicos difieren entre ellos si David era una manifestación de Jesús o si David era también un hijo engendrado de Dios.

La refutación: Cada vez que una persona en la Biblia tiene los atributos igual o mayor que Jesús (Hebreos 7:3-4), los apologéticos tiran todo el contexto de estos caracteres y afirman que eran otra manifestación de Jesús para evitar el hecho que Jesús no era único.

La corrección: Dios en el Corán se demuestra ser diferente que los Profetas y que no hay ninguno como Alá, el Único Creador:

"Vuestro Dios es un Dios Uno. No hay más dios que Él, el Compasivo, el Misericordioso." (Corán 2:163)

(Continuado de 159 a 187)

174.   ¿El Último?

Equivocación: "Yo (Jesús) soy el Alfa y la Omega, principio y fin, el primero y el postrero." (Revelación 22:13) *contra* "Aún tengo muchas cosas que deciros, mas ahora no las podéis llevar. Pero cuando viniere aquel Espíritu de Verdad, él os guiará a toda la verdad; porque no hablará de sí mismo, sino que hablará todo lo que oyere, y os hará saber las cosas que han de venir." (Juan 16:12-13)

Una nota: Juan 16:12-13 se considera ser una de las muchas predicciones del Profeta Mohamet (la paz de Dios esté con él) y el Corán Sagrado como esta investigación hace evidente.

La excusa: Eso es lo que dice pero eso no es lo que significa. Esto es una predicción sobre el Espíritu Santo, no Mohamet.

La refutación: (Vea la carta de la Contestación [E] en el Mapa de la Refutación). Primero, los creyentes de la trinidad creen que el Espíritu Santo, Dios, y Jesús son todos una entidad mientras Jesús estaba hablando obviamente de otro en Juan 16:12-13. Jesús habló sobre si mismo en el verso 12 diciendo *"yo tengo."* Entonces él cambia el sentido de la oración usando el pronombre personal de *"él"* en vez de *"yo."* Jesús no dice: "yo vendré a terminar hablando después."

Segundo, otra razón por qué sabemos que el Espíritu Santo y Jesús no son iguales es debido a Mateo 12:31:

"Por tanto os digo: Todo pecado y blasfemia será perdonado a los hombres; mas la blasfemia contra el Espíritu no será perdonada a los hombres."

Todavía después que el ladrón al lado de Jesús en la cruz se mofó y se injurió de Jesús (Marcos 15:32), Jesús lo perdonó y le dijo que él irá al Cielo (Lucas 23:43).

Tercero, Jesús admite que él tiene nada más que decir – Jesús dijo que todo que su Creador quiso que él dijera ya fue dicho:

"... todas las cosas que oí de mi Padre, os las he hecho notorias." (Juan 15:15)

Esto confirma que otro individuo que no era Jesús dirá más. Por ejemplo, sería un síntoma de esquizofrenia para alguien decir: "yo dije todo lo que me dijeron, y yo vendré a decir más de mí y yo me glorificaré y yo no diré nada de mi propio testamento con la excepción de lo que me dijeron yo mismo."

Uno tiene la opción libre de seguir los creyentes trinitarios en su enredo o de creer que Juan 16:12-13 era la predicción lógica del Profeta Mohamet (la paz esté con él) porque nuestro Dios no nos dejaría durante encima de 2,000 años sin otra guía.

La corrección: Dios en el Corán dice:

"Él es el Principio y el Fin, el Visible y el Escondido. Y es omnisciente." (Corán 57:3)

(Continuado de 159 a 187)

175.   *¿El Justo?*

Equivocación: "Aquella Palabra era la luz verdadera, que alumbra a todo hombre que viene a este mundo" (Juan 1:9) *contra* una mujer cananea cuando ella buscaba bendiciones para su hija:

"Y él (Jesús) respondiendo, dijo: No soy enviado sino a las ovejas perdidas de la Casa de Israel." (Mateo 15:24)

Incluso cuando ella le pidió su ayuda y le rogó, él le dijo:

"Y respondiendo él, dijo: No es bien tomar el pan de los hijos, y echarlo a los perrillos." (Mateo 15:26)

La Biblia muestra que después de mucho retraso, argumentos, y calumnia (incluso llamándola una perra) Jesús la ayudó.

La excusa: Primero: eso es lo que dice pero eso no es lo que significa. Jesús estaba usando metáforas común hacia los gentiles (los non-judíos). Segundo: Jesús estaba haciendo un ejemplo de ella a los discípulos que los gentiles deben ser bendecidos también.

La refutación: Primero: (Vea la carta de la Contestación [F] en el Mapa de la Refutación). Sea judío o gentil, tales metáforas son insultos y una barrera adicional para cruzar para recibir una bendición. La bendición se retrasa debido a su origen étnico. Segundo: La Biblia claramente está enseñando que Jesús no intentaba enseñarle nada a sus discípulos sobre los gentiles. Sólo muestra continuar la manera de evitarlos y evitar dándoles bendiciones:

"A estos doce envió Jesús, a los cuales dio mandamiento, diciendo: Por el camino de los gentiles no iréis, y en ciudad de samaritanos no entréis; mas id antes a las ovejas perdidas de la Casa de Israel." (Mateo 10:5-6)

Incluso hasta después que Jesús se fue:

"Y los que habían sido esparcidos por causa de la tribulación que sobrevino en tiempo de Esteban, anduvieron hasta Fenicia, y Chipre, y Antioquía, no hablando a nadie la Palabra, sino sólo a los judíos." (Actos 11:19)

La corrección: Dios en el Corán Sagrado es veloz en premiando a todas las personas que han buscado el premio:

"Hay entre la gente de la Escritura quienes creen en Alá y en la Revelación hecha a vosotros y a ellos. Humildes ante Alá, no han malvendido los signos de Alá. Esos tales tendrán su recompensa junto a su Señor. Alá es rápido en ajustar cuentas." (Corán 3:199)

"Quienes obran mal ¿creen que les trataremos igual que a quienes creen y obran bien, como si fueran iguales en vida y luego de muertos? ¡Qué mal juzgan!" (Corán 45:21)

(Continuado de 159 a 187)

176.   ¿El Recogedor?

Equivocación: "Porque donde están dos o tres congregados en mi nombre, allí estoy en medio de ellos" (Mateo 18:20) y "También tengo otras ovejas que no son de este corral, aquellas también me conviene traer..." (Juan 10:16) *contra* cuando un grupo de hombres armado vinieron a aprehender a Jesús, los discípulos de Jesús no se quedaron allí y no se preocuparon por la seguridad de Cristo. En cambio los discípulos se dispersaron, corrieron, y repudiaron a Cristo:

"Entonces dejándole todos sus discípulos, huyeron." (Marcos 14:50)

La excusa: Todos aquéllos con Jesús estaban supuesto de dejarlo a él como cumplimiento de profecía (Zacarías 13:7).

La refutación: Primero, si de hecho fuera predicho que todos los seguidores de Cristo estaban supuesto de abandonarlo, entonces esta predicción confirma que Jesús no es un recogedor. En cambio, el miedo de ser asociado con Cristo lo hace un dispersador. Segundo, un estudio de Zacarías 13:7 dispersa la noción que la persona predicho es Jesús:

"Y será que cuando alguno más profetizare, le dirán su padre y su madre que lo engendraron: No vivirás, porque has hablado mentira en el nombre del Señor; y su padre y su madre que lo engendraron, le traspasarán cuando profetizare." (Zacarías 13:3)

Vemos del pasaje precedente que el individuo predicho nació de hombre y mujer, mientras Jesús no tenía padre ninguno. Segundo, Maria creía en Jesús porque el ángel Gabriel lo predijo.

Para concluir, si la deserción por los discípulos ocurrió o no, el hecho es que Jesús no es un recogedor. En cambio él causó a muchos hombres huirlo como era el caso con muchos de los Profetas virtuosos que fueron enviados con el mensaje de Dios. Sólo Dios podría recoger a todos los humanos, no un mensajero.

La corrección: Más de mil millones de musulmanes se reúnen hombro a hombro y pie a pie para alabar a nuestro Creador:

"¡Señor! Tú eres quien va a reunir a los hombres para un día indubitable. Alá no falta a Su promesa." (Corán 3:9)

(Continuado de 159 a 187)

177.   ¿El que da seguridad?

Equivocación: "Dijo también el Señor: Simón, Simón, he aquí que Satanás os ha pedido para zarandearos como a trigo; mas yo he rogado por ti que tu fe no falte..." (Lucas 22:31-32) *contra* "Y estuvo allí en el desierto cuarenta días (y cuarenta noches) y era tentado de Satanás..." (Marcos 1:13, Mateo 4:1, Lucas 4:2).

Además, la Biblia dice que Jesús se tentó por el Diablo en todos aspectos de su vida:

"Porque no tenemos Sumo Sacerdote que no se pueda compadecer de nuestras flaquezas; mas tentado en todo según nuestra semejanza, pero sin pecado." (Hebreos 4:15)

Por consiguiente, Jesús no puede protegernos del Diablo cuando el propio Jesús se tienta por Satanás.

La excusa: Debido a Jesús estando en forma de carne, él era susceptible a la tentación.

La refutación: Aquí los creyentes trinitarios confiesan que Jesús se tentó, mientras contradiciéndose así con respecto a la divinidad de Cristo porque la Biblia también dice que Dios no se puede tentar:

"Cuando alguno es tentado, no diga que es tentado de Dios; porque Dios no puede ser tentado de los males, ni él tienta a alguno." (Santiago 1:13)

En conclusión, los trinitarios nos están diciendo repetidamente que Jesús es Dios mientras en el proceso, ellos están creando más contradicciones aun en la Biblia. Jesús por su caracterización de su tentación no puede protegernos de Satanás cuando el propio Cristo fue tentado.

La corrección: Dios, el Santo, dice en el Corán que Él es nuestro Verdadero Protector:

"El conciliábulo es sólo cosa del Demonio, para entristecer a los que creen, pero que no puede hacerles ningún daño, a menos que Alá lo permita. ¡Que los creyentes confíen en Alá!." (Corán 58:10)

(Continuado de 159 a 187)

178.   *¿La Guía?*

Equivocación: "A éste abre el portero, y las ovejas oyen su voz; y a sus ovejas llama por nombre, y las saca. Y cuando ha sacado fuera sus ovejas, va delante de ellas; y las ovejas le siguen, porque conocen su voz" (Juan 10:3-4) *contra* "Entonces mandó a sus discípulos que a nadie dijesen que él era Jesús, el Cristo (Mesías)." (Mateo 16:20; 8:4, 17:9, Marcos 7:36, 8:30, 9:9, Lucas 5:14, 8:56, 9:21).

La excusa: Primero, usted debe entender el contexto del verso. Jesús no quería decirlo a nadie hasta que él fuera reanimado de la muerte. Segundo, Jesús no quiso ser agobiado con seguidores (Marcos 7:36).

La refutación: Primero, Jesús en la Biblia contradice su propia orden porque él le dijo a algunos que él era el Mesías antes de la crucifixión:

"Le dice la mujer: Sé que el Mesías ha de venir, el cual se dice el Cristo; cuando él viniere nos declarará todas las cosas. Le dice Jesús: Yo Soy, que hablo contigo." (Juan 4:25-26)

"Mas él callaba, y nada respondía. El sumo sacerdote le volvió a preguntar, y le dijo: ¿Eres tú el Cristo, el Hijo del Bendito? Y Jesús le dijo: Yo soy..." (Marcos 14:61-62)

Consiguiente la primera excusa es inválida porque en la Biblia, Jesús se contradice su orden y esta excusa. Además, él no mandó o preguntó a la mujer quien él confesó a ser el Mesías no decirle nada a otros (Juan 4:28-29).

Segundo, si Jesús no quería ser agobiado con seguidores, entonces esto también lo inválida como la última y verdadera fuente de la verdad porque la Verdadera Guía quiere que todos sepan la Verdad.

La corrección: Dios en el Corán dice que Él es la Verdadera Guía:

"Así hemos asignado a cada profeta un enemigo de entre los pecadores. Pero tu Señor basta como guía y auxilio." (Corán 25:31)

(Continuado de 159 a 187)

179.   ¿El Paciente?

Equivocación: "Pero por esto fui recibido a misericordia, para que el Cristo Jesús mostrase primero en mí, toda su clemencia, para ejemplo de los que habían de creer en él para vida eterna" (1 Timoteo 1:16) *contra* Jesús muestra una falta de paciencia extrema maldiciendo un árbol de higo por no producir fruta fuera de su estación:

"...cuando salieron de Betania, (Jesús) tuvo hambre. Y viendo de lejos una higuera que tenía hojas, vino a ver si quizá hallaría en ella algo; pero cuando llegó a ella, nada halló sino hojas; porque no era tiempo de higos. Entonces Jesús respondiendo, dijo a la higuera: Nunca más coma nadie fruto de ti para siempre..." (Marcos 11:12-14).

La excusa: Eso es lo que dice pero eso no es lo que significa. El árbol del higo simboliza Israel y Jesús estaba frustrado con Israel y le hizo una maldición por no producir fruta.

La refutación: (Vea la carta de la Contestación [E] en el Mapa de la Refutación). Hay errores múltiples con esta excusa además de la admisión que Jesús no es paciente. Primero, Jesús les dijo a sus discípulos que no predicaran a Israel todavía. Consiguiente, es ilógico dar una maldición a Israel ante que Jesús intenta salvar a Israel. Segundo, la frase "no era tiempo" también chocaría con la excusa que el árbol del higo es una metáfora para Israel. Otros comentarios Bíblicos confiesan que Jesús simplemente tuvo hambre y no podía esperar.

La corrección: En el Corán Sagrado Dios no se vuelve ningún impaciente como Jesús hace. Dios se caracteriza en el Corán por paciencia infinita:

"Si Alá diera a los hombres su merecido, no dejaría ningún ser vivo sobre su superficie. Remite, sin embargo, su castigo a un plazo fijo. Y cuando vence su plazo... Alá ve bien a Sus siervos." (Corán 35:45)

"¡Vosotros, los que creéis, buscad ayuda en la paciencia y en la azalá!* Alá está con los pacientes." (Corán 2:153)

Azalá = el rezo obligatorio de los musulmanes.

(Continuado de 159 a 187)

180. ¿El Oculto?

Equivocación: "Dijo más: No podrás ver mi faz; porque no me verá hombre, y vivirá." (Éxodo 33:20) y "A Dios nadie le vio jamás..." (Juan 1:18) *contra* "Jesús le respondió: Yo manifiestamente he hablado al mundo; yo siempre he enseñado en la sinagoga y en el Templo, donde se juntan todos los judíos, y nada he hablado en oculto." (Juan 18:20)

La excusa: Jesús no fue Dios en la tierra en este caso.

La refutación: Estamos de acuerdo. Tampoco es Jesús Dios en el Cielo porque Dios no pierde Su "estatus" de ser Dios dondequiera que Dios este (Josué 2:11).

La corrección: El Corán Sagrado corrige este conflicto en la Biblia:

"Él es el Principio y el Fin, el Visible y el Oculto. Y es omnisciente.." (Corán 57:3)

(Continuado de 159 a 187)

181.   ¿El Proveedor?

Equivocación: "Y Jesús les dijo: Yo soy el pan de vida; el que a mí viene, nunca tendrá hambre; y el que en mí cree, no tendrá sed jamás" (Juan 6:35) *contra* Jesús ni se puede proveer de comida cuando tiene hambre – otra contradicción mayor:

"...cuando salieron de Betania, (Jesús) tuvo hambre. Y viendo de lejos una higuera que tenía hojas, vino a ver si quizá hallaría en ella algo; pero cuando llegó a ella, nada halló sino hojas; porque no era tiempo de higos." (Marcos 11:12-14).

La excusa: Eso es lo que dice pero eso no es lo que significa. El árbol del higo simboliza Israel y Jesús estaba frustrado con Israel y lo maldijo por no producir fruta. Además, Jesús está hablando de hambre espiritual no físico.

La refutación: (Vea la carta de la Contestación [E] en el Mapa de la Refutación). Hay errores múltiples con esta excusa. En primer lugar, es una admisión que Jesús no se puede saciar su hambre – y todos sabemos que Dios es autosuficiente. Además, Jesús les dijo a sus discípulos que no predicaran a Israel todavía. Consiguiente, es ilógico dar una maldición a Israel ante que Jesús intenta salvar a Israel. También, la frase "no era tiempo" chocaría con la excusa que el árbol del higo es una metáfora para Israel. Otros comentarios Bíblicos confiesan que Jesús simplemente tuvo hambre y no podía esperar. Y para completar, Jesús le dio una maldición al árbol en vez de hacerlo producir frutos para él y sus discípulos.

Sobre el tema de hambre espiritual, Jesús también no se sació su hambre espiritual cuando él rezó apasionadamente:

"Y cerca de la hora novena, Jesús exclamó con gran voz, diciendo: Elí, Elí, ¿lama sabactani? Esto es: Dios mío, Dios mío, ¿por qué me has desamparado?" (Mateo 27:46)

La corrección: Vemos en el Corán que Dios es el Proveedor de todos, incluso de Jesús

"No quiero de ellos ningún sustento, no quiero que Me alimenten. Alá es el Proveedor de todo, el Fuerte, el Firme." (Corán 51:57-58)

Aquí Alá clarifica que Él no necesita comida de cualquier criatura, y Alá es el que proporciona el contentamiento a todos. Además, el contexto de estos versos implica que el "sustento" puede ser espiritual o físico.

(Continuado de 159 a 187)

182.   ¿El Eterno?

Equivocación: "Jesús el Cristo es el mismo ayer, y hoy, y por los siglos." (Hebreos 13:8) *contra* Jesús, el hombre, dejó de existir:

"Mas Jesús, dando una grande voz, expiró." (Marcos 15:37)

La excusa: Jesús tenía que morir para cumplir con las Escrituras.

La refutación: Esto confirma que Jesús no fue eterno y también afirma que Jesús no era Dios.

La corrección: El Corán Sagrado describe un Verdadero Dios Eterno:

"¡Alá! No hay más dios que El. el Viviente, el Subsistente. Ni la somnolencia ni el sueño se apoderan de Él." (Corán 2:255)

Por consiguiente, ¡Dios en el Corán no muere y ni siquiera duerme!

"¡Alá! No hay más dios que Él, el Viviente, el Subsistente." (Corán 3:2)

"Y ¡confía en el Viviente, Que no muere! ¡Celebra Sus alabanzas! El está suficientemente informado de los pecados de Sus siervos." (Corán 25:58)

(Continued from 160 to 189)

183.   ¿Tiene Dios miedo de nosotros?

Equivocación: "Si no cuidares de poner por obra todas las palabras de esta ley que están escritas en este libro, temiendo este Nombre glorioso y terrible, El Señor tu Dios. El Señor aumentará maravillosamente tus plagas y las plagas de tu simiente, plagas grandes y duraderas, y enfermedades malignas y duraderas." (Deuteronomio 28:58-59)

"Y no temáis a los que matan el cuerpo, mas al alma no pueden matar; temed antes a aquel que puede destruir el alma y el cuerpo en el quemadero." (Mateo 10:28, Lucas 8:50, 12:4)

contra

"Y pasadas estas cosas andaba Jesús en Galilea; que no quería andar en Judea, porque los judíos procuraban matarle." (Juan 7:1)

"Tomaron entonces piedras para tirarle; mas Jesús se encubrió, y salió del Templo; y atravesando por en medio de ellos, se fue." (Juan 8:59)

"Entre tanto que tenéis la Luz, creed en la Luz, para que seáis hijos de la Luz. Estas cosas habló Jesús, y se fue, y se escondió de ellos. Pero aun habiendo hecho delante de ellos tantas señales, no creían en él." (Juan 12:36-37)

Desde la niñez, Jesús se escondió por más de 10 años en Egipto para evitar la muerte:

"Y partidos ellos, he aquí el ángel del Señor aparece en sueños a José, diciendo: Levántate, y toma al niño y a su madre, y huye a Egipto, y permanece allá hasta que yo te lo diga; porque ha de acontecer, que Herodes buscará al niño para matarlo." (Mateo 2:13)

La excusa: Todavía no le tocaba morir – no era su tiempo: "...Aún no ha venido mi hora." (Juan 2:4; 8:20)

La refutación: Se supone que los corderos sacrificatorios se matan cuando nuevo:

"El cordero será sin defecto, macho de un año..." (Éxodo 12:5)

De nuestro estudio, sabemos que Jesús se escapó de la muerte durante su niñez (Mateo 2:13).

Segundo, incluso cuando le toco su tiempo, Jesús clamó con miedo intenso, gritando dos veces:

"Mas Jesús, habiendo otra vez exclamado con gran voz, dio el Espíritu." (Mateo 27:50)

Para concluir, Jesús trató de evitar su muerte en su niñez y como adulto – todo esfuerzo fue hecho por él evitar la muerte.

La corrección: Al contrario de la Biblia, el Corán exhibe un Dios Intrépido:

"¡Profeta! ¡Teme a Alá y no obedezcas a los infieles y a los hipócritas! Alá es omnisciente, sabio." (Corán 33:1)

"¡Creyentes! ¡No os adelantéis a Alá y a su Enviado y temed a Alá! Alá todo lo oye, todo lo sabe." (Corán 49:1)

(Continuado de 159 a 187)

184.   ¿Dios engendra?

Equivocación: Los cristianos dicen que Dios se engendró Él mismo:

"...Tú eres mi Hijo, yo te he engendrado hoy." (Hebreos 5:5)

La excusa: Traducción mala..

La refutación: (Vea la carta de la Contestación [I] en el Mapa de la Refutación)

La corrección: Dios es al contrario de cualquier otro. El Corán nos muestra no hay ninguno igual a Dios:

"Di: «¡Él es Alá, Uno! Dios, el Eterno Absoluto. Él no Engendra, Ni Él se Engendra, y no hay ninguno Como Él. (No tiene par).»" (Corán 112:1)

(Continuado de 159 a 187)

185.   ¿Son perezosos los creyentes trinitarios?

Equivocación: Los trinitarios dicen que nosotros ya no tenemos que hacer el trabajo que Dios nos ordenó que hiciéramos. Su razonamiento es que 1. nosotros no podríamos hacer las leyes (Romanos 3:10) y 2. Jesús es Dios y su muerte en la cruz anuló los pecados del pasado y del futuro. Por tal razón no hay que seguir las leyes de hace milenios, las Leyes de Dios:

"Porque el fin de la ley es el Cristo, para dar justicia a todo aquel que cree." (Romanos 10:4)

"Sabiendo que el hombre no es justificado por las obras de la ley, sino por la fe de Jesús, el Cristo, nosotros también hemos creído en Jesús, el Cristo, para que fuésemos justificados por la fe de Cristo, y no por las obras de la ley; por cuanto por las obras de la ley ninguna carne será justificada." (Gálatas 2:16)

"De manera que la ley fue ayo nuestro para llevarnos a Cristo, para que fuésemos justificados por la fe." (Gálatas 3:24)

contra

Los creyentes trinitarios se contradicen porque Jesús es descalificado de reemplazar las leyes o quitar los pecados asociados con las leyes.

"Y Jesús decía: Padre, perdónalos, porque no saben lo que hacen..." (Lucas 23:34)

"Pero de aquel día y de la hora, nadie sabe; ni aun los ángeles que están en el cielo, ni el mismo Hijo, sino sólo el Padre." (Marcos 13:32)

"Les respondió Jesús, y dijo: Mi doctrina no es mía, sino de aquel que me envió." (Juan 7:16)

También hay otro obstáculo para los trinitarios que exigen que las leyes son "demasiado duro" de lograr:

"Cuando oyeres la voz del Señor tu Dios, para guardar sus mandamientos y sus estatutos escritos en este libro de la ley; cuando te convirtieres al Señor tu Dios con todo tu corazón y con toda tu alma. Porque este mandamiento que yo te mando hoy, no te es encubierto, ni está lejos. No está en el cielo, para que digas: ¿Quién subirá por nosotros al cielo, y nos lo tomará y nos lo recitará, para que lo cumplamos? Ni está al otro lado del mar, para que digas: ¿Quién pasará por nosotros el mar, para que nos lo tome y nos lo recite, a fin de que lo cumplamos? Porque muy cerca de ti está la palabra, en tu boca y en tu corazón, para que la cumplas."

Mira, Yo he puesto delante de ti hoy la vida y el bien, la muerte y el mal; porque yo te mando hoy que ames al Señor tu Dios, que andes en sus caminos, y guardes sus mandamientos y sus estatutos y sus derechos, para que vivas y seas multiplicado, y el Señor tu Dios te bendiga en la tierra a la cual entras para heredarla. Mas si tu corazón se apartare, y no oyeres, y fueres incitado, y te inclinares a dioses ajenos, y les sirvieres; os protesto hoy que de cierto pereceréis; no tendréis largos días sobre la

tierra, para ir a la cual pasas el Jordán para que la heredes."
(Deuteronomio 30:10-18)

Además, Jesús prometió que muchas personas estarían en el Cielo antes
de que él acabara la Ley a través de su resurrección supuesta:

"De manera que cualquiera que desatare uno de estos mandamientos muy
pequeños, y así enseñare a los hombres, muy pequeño será llamado en el
Reino de los cielos; mas cualquiera que los hiciere y los enseñare, éste
será llamado grande en el Reino de los cielos." (Mateo 5:19)

"Bienaventurados los que padecen persecución por causa de la justicia (o
rectitud), porque de ellos es el Reino de los cielos." (Mateo 5:10)

"Bienaventurados los pobres en espíritu; porque de ellos es el Reino de
los cielos." (Mateo 5:3)

"Y Jesús dijo: Dejad a los niños, y no les impidáis de venir a mí; porque
de los tales es el Reino de los cielos." (Mateo 19:14)

Último, Jesús mismo enseñó que ser partidario de las leyes es la manera
a la salvación:

"No todo el que me dice: Señor, Señor, entrará en el Reino de los cielos,
sino el que hiciere la voluntad de mi Padre que está en los cielos."
(Mateo 7:21)

La excusa: Se suponía que las leyes fueran seguidas hasta la
resurrección. Después de la resurrección, las leyes fueron anulada.

"Limpiad pues la vieja levadura, para que seáis nueva masa, como sois
sin levadura; porque nuestra Pascua, Cristo, es sacrificada por nosotros."
(1 Corintios 5:7)

La refutación: Es una noción defectuosa para exigir que las leyes que se
siguieron hacia miles de años sólo fueron hecho para ser temporal. El
Dios de Abrahán y de Jesús declara que las leyes son para siempre:

"Eterno," "Para Todas las Generaciones," "una Ordenanza Perpetua
"(Éxodo 27:21; 28:43; 29:28; 30:21; 31:17; Levítico 6:18, 22; 7:34, 36;
10:9, 15; 17:7; 23:14, 21, 41; 24:3; Números 10:8; 15:15; 18:8, 11, 19,
23; 19:10; Deuteronomio 5:29; Salmos 119:160) y no serán cambiadas o
se quitarán de ellas (Deuteronomio 4:2; 12:32).

Jesús confirma que la Ley es para todas las generaciones y es eterno (Mateo 8:4, 26:19, Juan 7:10).

Las acciones pesan más que las palabras. Además, Jesús también guardo la Ley de Dios y declaró:

"No penséis que he venido para desatar la Ley o los profetas; no he venido para desatarla, sino para cumplirla. Porque de cierto os digo, que hasta que perezca el cielo y la tierra, ni una jota ni una tilde perecerá de la Ley, hasta que todas las cosas sean cumplidas." (Mateo 5:17-18)

En conclusión, Dios, los Profetas, y el Mesías todos dicen que la Ley de Dios son inacabables. El virtuoso tiene un enemigo – él quién lleva a las personas descaminado a través del letargo.

La corrección: Dios a través del Santo Corán explica que es una combinación de fe y acciones que nos dan Salvación:

"La verdadera invocación es la que se dirige a Él. Los que invocan a otros, en lugar de invocarle a Él, no serán escuchados nada. Les pasará, más bien, como a quien, deseando alcanzar el agua con la boca, se contenta con extender hacia ella las manos y no lo consigue. La invocación de los infieles es inútil." (Corán 13:14)

El Corán Sagrado explica que las acciones son para nuestro beneficio:

"¡Creyentes! Cuando os dispongáis a hacer la azalá, lavaos el rostro y los brazos hasta el codo, pasad las manos por la cabeza y lavaos los pies hasta el tobillo. Si estáis en estado de impureza legal, purificaos. Y si estáis enfermos o de viaje, si viene uno de vosotros de hacer sus necesidades, o habéis tenido contacto con mujeres y no encontráis agua, recurrid a arena limpia y pasadla por el rostro y por las manos. Alá no quiere imponeros ninguna carga, sino purificaros y completar Su gracia en vosotros. Quizás, así seáis agradecidos." (Corán 5:6)

(Continuado de 159 a 187)

186.   ¿La Palabra?

Equivocación: "En el principio ya era la Palabra, y aquel que es la Palabra era con el Dios, y la Palabra era Dios." (Juan 1:1)

"Y aquella Palabra fue hecha carne, y habitó entre nosotros; (y vimos su gloria,) gloria como del Unigénito del Padre, lleno de gracia y de verdad." (Juan 1:14)

contra

"Toda buena dádiva, y todo don perfecto es de lo alto, que desciende del Padre de las lumbres, en el cual no hay mudanza, ni sombra de variación." (Santiago 1:17)

La excusa: Eso es lo que dice pero eso no es lo que significa. Esto está hablando del ser de Dios, no del cambio a un hombre.

La refutación: (Vea la carta de la Contestación [E] en el Mapa de la Refutación). Los estudiosos de la Biblia han confundido un milagro por Dios en una creación de Dios.

"La Palabra" en el contexto de la Biblia es el método usado por Dios para crear la vida:

"Y dijo Dios: Sea la luz; y fue la luz." (Génesis 1:3)

Con una palabra, Dios creó la fuente de energía de nuestro planeta, el sol. El sol y la palabra de Dios se volvieron uno; eso no significa que nosotros nos rendimos culto al sol, ni que el sol es Dios como las culturas antiguas creían.

Podemos ver que Dios crea muchas criaturas vivientes además de Jesús con una "palabra":

"Y dijo Dios: Produzcan las aguas gran cantidad de criaturas de alma viviente, y aves que vuelen sobre la tierra, sobre la faz del extendimiento de los cielos." (Génesis 1:20)

Al contrario de la gente del Faraón, nosotros no nos rendimos culto a las figuras. Si seguimos la lógica de los trinitarios, aquéllos hecho con "la palabra" serían considerado divino.

La corrección: El Corán Sagrado clarifica este punto perfectamente declarando:

"Dijo ella:«¡Señor! ¿Cómo puedo tener un hijo, si no me ha tocado mortal?» Dijo: «Así será. Alá crea lo que Él quiere. Cuando decide algo, le dice tan sólo: "¡Sé!" y es." (Corán 3:47)

"Para Alá, Jesús es semejante a Adán, a quien creó de tierra y a quien dijo:«¡Sé!» y fue.." (Corán 3:59)

(Continuado de 159 a 187)

187.   ¿*Rindiéndose culto a un hombre?*

Equivocación: La mayoría de cristianos creen que Jesús es Dios en forma de carne. Por esto es que cristianos se rinden culto a Jesús. Estos cristianos validan rindiéndose culto a a Jesús a través de los versos siguientes:

"Y entrando en la casa, vieron al niño con su madre María, y postrándose, le adoraron; y abriendo sus tesoros, le ofrecieron dones: oro, e incienso y mirra." (Mateo 2:11)

"He aquí, Jesús les sale al encuentro, diciendo: Halláis gozo. Y ellas se llegaron y abrazaron sus pies, y le adoraron." (Mateo 28:9)

"Y trocaron la gloria del Dios incorruptible en semejanza de imagen de hombre corruptible, y de aves..." (Romanos 1:23)

Pero la Biblia también dice:

"Yo soy el Señor. Este es mi nombre; y a otro no daré mi gloria, ni mi alabanza a esculturas." (Isaías 42:8)

"Porque yo soy el Señor, y soy inmutable..." (Malachi 3:6)

"Dios no es hombre, para que mienta; ni hijo de hombre para que se arrepienta..." (Números 23:19)

La excusa: Ninguno disponible.

La corrección: La confusión de si rendirse culto o no rendirse culto a un hombre está resuelto a través del Corán:

"Y cuando dijo Alá: «¡Jesús, hijo de María! ¡Eres tú quien ha dicho a los hombres: '¡Tomadnos a mí y a mi madre como a dioses, además de tomar a Alá!'?». Dijo: «¡Gloria a Ti! ¿Cómo voy a decir algo que no tengo por verdad? Si lo hubiera dicho, Tú lo habrías sabido. Tú sabes lo que hay en mí, pero yo no sé lo que hay en Ti. Tú eres Quien conoce a fondo las cosas ocultas." (Corán 5:119)

Claramente, nosotros debemos rendirnos culto sólo a Dios y a Dios exclusivamente.

"No les he dicho más que lo que Tú me has ordenado: '¡Servid a Alá, mi Señor y Señor vuestro!' Fui testigo de ellos mientras estuve entre ellos, pero, después de llamarme a Ti, fuiste Tú Quien les vigiló. Tú eres testigo de todo." (Corán 5:116-117)

Para concluir, los creyentes trinitarios propagan que Jesús, el Espíritu Santo, y Dios son todos 100% igual, y son todos una parte de un Dios unido. Estos cristianos intentan justificar esta noción con la ecuación matemática $(1 \times 1 \times 1 = 1)$. Pero como hemos visto, los mismos estudiosos de la Biblia admiten que el valor de Jesús no es completamente igual a Dios.

Por su propia admisión, Jesús en la tierra era $(<)$ menos que Dios en el cielo.

Por consiguiente, la ecuación real es $(.5 \times .5 \times 1 = .25)$. Simbólicamente, exigiendo que Jesús es parte de una trinidad, el dios trinitario se vuelve una fracción.

(IX.) LA VIDA DESPUÉS DE LA MUERTE

188. *Cómo remover el pecado*

Equivocación: Los cristianos exigen que la única manera a la salvación es por sangre: "Porque el alma (o la vida) de la carne en la sangre está; y yo os la he dado para expiar vuestras personas (almas) sobre el altar; por lo cual la misma sangre expiará la persona." (Levítico 17:11)

contra

Hay métodos múltiples de quitar el pecado: dando caridad (Éxodo 30:15-16 y Números 31:50), y con incienso (Números 16:46-47).

La excusa: Ninguno disponible.

La corrección: Islám enseña que no hay una sola manera a la salvación porque la salvación viene de sus acciones y su fe:

"La verdadera invocación es la que se dirige a Él. Los que invocan a otros, en lugar de invocarle a Él, no serán escuchados nada. Les pasará, más bien, como a quien, deseando alcanzar el agua con la boca, se contenta con extender hacia ella las manos y no lo consigue. La invocación de los infieles es inútil." (Corán 13:14)

"Dirán: «¡Cómo! ¿No vinieron a vosotros vuestros enviados con las pruebas claras?» Dirán: «¡Claro que sí!» Dirán: «Entonces, ¡invocad vosotros!» Pero la invocación de los infieles será inútil." (Corán 40:50)

"Los que hayan creído y obrado bien, los que hayan hecho la azalá y dado el azaque tendrán su recompensa junto a su Señor. No tienen que temer y no estarán tristes." (Corán 2:277)

189. *¿Pecadores nacidos?*

Equivocación: Los niños nacen puros sin pecado (Levítico 11:44, 19:2, 20:7) *contra* los niños nacen pecadores malos (Salmos 58:3)

La excusa: Eso es lo que dice pero eso no es lo que significa. Salmos 58:3 está hablando sobre el potencial de cometer el pecado, no siendo un pecadores reales.

La refutación: (Vea la carta de la Contestación [E] en el Mapa de la Refutación). El idioma y contexto usados son de uno que es un pecador, no de uno que será un pecador.

"Se extrañaron los impíos desde la matriz..." (Salmos 58:3) El verso no dice "los impíos serán" (en un tiempo futuro). El contexto es sobre el tiempo presente.

Salmos 58:3 sigue declarando: "...erraron desde el vientre, hablando mentira." No dice que irán descaminado como adultos.

Además, Pablo también adopta la absurdidad que los niños son pecadores exigiendo:

"Por tanto, de la manera que el pecado entró en el mundo por un hombre, y por el pecado la muerte, y la muerte así pasó a todos los hombres en aquel en quien todos pecaron." (Romanos 5:12)

La corrección: El Corán corrige la falacia que los niños son inherentemente malos o han acortado el pecado de las generaciones anteriores:

"Hemos creado al hombre dándole la mejor complexión." (Corán 95:4)

"...Nadie comete mal sino en detrimento propio. Nadie cargará con la carga ajena..." (Corán 6:164)

"...Nadie cargará con la carga ajena. Al final, volveréis a vuestro Señor y ya os informará Él de lo que hacíais. Él sabe bien lo que los pechos encierran." (Corán 39:7)

190.   ¿Quién es Satanás?

Equivocación: Hay confusión en la Biblia acerca de que si Satanás es un ángel caído o no:

Satanás está libre a actuar como él agrada (Job 1:6-7, 2:1-2, Mateo 4:1, 1 Pedro 5:8) *contra* los ángeles que se rebelaron contra Dios están encadenados (Judas 6).

La excusa: 1. Eso es lo que dice pero eso no es lo que significa. Los ángeles serán amarrados finalmente en el futuro, pero todavía no están amarrados:

"Y he aquí clamaron, diciendo: ¿Qué tenemos contigo, Jesús, Hijo de Dios? ¿Has venido acá a molestarnos antes de tiempo?" (Mateo 8:29)

2. Hay dos tipos diferentes de ángeles caídos – aquéllos en cadenas y aquéllos no.

La refutación: 1) (Vea la carta de la Contestación [E] en el Mapa de la Refutación). Aquí los estudiosos de la Biblia intentan otro juego de palabras confundiendo los tiempos del pasado, presente y el futuro de los pasajes:

"Porque si Dios no perdonó a los ángeles que habían pecado, sino que habiéndolos despeñado en el infierno con cadenas de oscuridad, los entregó para ser reservados al juicio." (2 Pedro 2:4)

Vemos que los verbos tienen tiempos pasados: "no perdonó, habían pecado, habiéndolos despeñado, y entregó." Es obvio que los ángeles caídos fueron lanzado al infierno (tiempo pasado), están encadenado (tiempo actual), y se juzgarán en el futuro (tiempo futuro).

2) "...no perdonó a los ángeles que habían pecado..." en 2 Pedro 2:4 demuestra que ninguno de los ángeles que pecaron fueron salvos, en vez de algunos ángeles como los apologéticos sugieren. Nada sugiere que hay dos tipos diferentes de ángeles caídos salvo la contradicción que los sabios de la Biblia dicen.

La corrección: El Corán Noble especifica que Satanás era un genio (una clase de criatura separada hecho del fuego) (vea Corán 15:27), no un ángel:

"Y cuando dijimos a los ángeles: «¡Prosternaos ante Adán!» Se prosternaron, excepto Iblis (Satanás), que era uno de los genios y desobedeció la orden de su Señor. ¿Cómo? ¿Les tomaréis, a él y a sus descendientes, como amigos, en lugar de tomarme a Mí, siendo así que son vuestros enemigos? ¡Qué mal trueque para los impíos!" (Corán 18:50)

191.   ¿Vírgenes varones?

Equivocación: En una afrenta a 99% del mundo, la Biblia hace una declaración incongruente que sólo una cierta raza, y cierto género, y cierto estado matrimonial estarán delante de Dios:

"...aquellos ciento cuarenta y cuatro mil, los cuales son comprados de la tierra. Estos son los que con mujeres no son contaminados; porque son vírgenes..." (Revelación 14:3-4)

La excusa: Ninguno disponible.

La corrección: El Corán Sagrado corrige esta limitación de aquéllos que tienen la oportunidad de ir al Cielo declarando bruscamente que está abierto para todos y cualquiera que se esfuerza para él:

"El creyente, varón o hembra, que obre bien, entrará en el Jardín y no será tratado injustamente en lo más mínimo." (Corán 4:124)

Además, estando con una mujer en una relación matrimonial realmente es una bendición, no es una maldición:

"Durante el mes del ayuno os es lícito por la noche uniros con vuestras mujeres: son vestidura para vosotros y vosotros lo sois para ellas…" (Corán 2:187)

192. ¿La pobreza es una maldición?

Equivocación: Tenga riqueza para pasarlo a sus nietos (Proverbios 13:22, 1 Timoteo 5:8) *contra* no tenga riqueza (Mateo 6:19)

La excusa: Jesús nunca dijo regalarlo todo:

La refutación: Jesús dijo "délo todos." Cuando una persona virtuosa que guardaba todos los mandos (Lucas 18:21) le preguntó a Jesús cómo lograr la vida eterna, Jesús le contestó que la sola cosa que falta es:

"Y Jesús, oído esto, le dijo: Aún te falta una cosa: vende todo lo que tienes, y dalo a los pobres, y tendrás tesoro en el cielo; y ven, sígueme." (Lucas 18:22)

Además, con respecto a guardando tesoros en la tierra, Jesús dice:

"Y aún os digo más: Es más fácil el pasar un camello por el ojo de una aguja, que entrar un rico en el reino de los cielos." (Mateo 19:24)

Pedro confirma que los discípulos regalaron todos que tenían:

"Entonces respondiendo Pedro, le dijo: He aquí, nosotros hemos dejado todo, y te hemos seguido; ¿qué pues tendremos?" (Mateo 19:27)

Y Jesús de nuevo reafirma que por regalar todos que tenían, ellos se premiarán en el Cielo:

"Y Jesús les dijo: De cierto os digo, que vosotros que me habéis seguido, en la regeneración, cuando se sentará el Hijo del hombre en el trono de su gloria, vosotros también os sentaréis sobre doce tronos, para juzgar a las doce tribus de Israel." (Mateo 19:28)

La corrección: Siendo pobre o rico en el Corán Sagrado no es un barómetro de su rectitud porque nosotros podemos ser probados con pobreza o opulencia:

"Vamos a probaros con algo de miedo, de hambre, de pérdida de vuestra hacienda, de vuestra vida, de vuestros frutos. Pero ¡anuncia buenas nuevas a los que tienen paciencia." (Corán 2:155)

"Hemos adornado la tierra con lo que en ella hay para probarles y ver quién de ellos es el que mejor se porta." (Corán 18:7)

193.   ¿Inmortal pío?

Equivocación: Los virtuosos en la Biblia son inmortal: "Ninguna iniquidad alcanzará al justo..." (Proverbios 12:21) *contra* el virtuoso en la Biblia es mortal:

"¿Cómo evitaréis el juicio del quemadero? Por tanto, he aquí, yo envío a vosotros profetas, y sabios, y escribas; y de ellos, a unos mataréis y colgaréis de un madero, y a otros de ellos azotaréis en vuestras sinagogas, y perseguiréis de ciudad en ciudad.   Para que venga sobre vosotros toda la sangre justa que se ha derramado sobre la tierra, desde la sangre de Abel el justo, hasta la sangre de Zacarías, hijo de Berequías, al cual matasteis entre el Templo y el altar. De cierto os digo que todo esto vendrá sobre esta generación.." (Mateo 23:33-36)

La excusa: Proverbios 12:21 está hablando de sólo personas virtuosas, no todas personas virtuosas.

La refutación: La Biblia enseña un concepto falso de que el virtuoso es inmortal. Esto se encuentra en otros pasajes que declaran:

"Quitarán serpientes; y si bebieren cosa mortífera, no les dañará; sobre los enfermos pondrán sus manos, y sanarán." (Marcos 16:18)

En una afrenta a los defensores de la Biblia, Marcos enseña que todos los virtuosos pueden beber veneno de serpientes y sobrevivir, mientras evitando la muerte. Ésta es una contradicción directa con todos esos virtuosos en la Biblia que se han muerto.

La corrección: El Corán clarifica que todos humanos, bueno o malo, no son inmortales:

"Di: «No sacaréis nada con huir si es que pretendéis con ello no morir o que no os maten. De todas maneras, se os va a dejar gozar sólo por poco tiempo.»" (Corán 33:16)

"Nosotros hemos determinado que muráis y nadie podrá escapársenos," (Corán 56:60)

La medicina y máquinas médicas pueden tener la habilidad de retardar el proceso de la muerte, por la voluntad de Dios pero como descrito en el Corán, todos nos moriremos. El ángel de la muerte vendrá a todos nosotros y no podremos impedir al ángel tomarnos fuera de esta tierra.

194. ¿Hay luz en el Infierno?

Equivocación: El Infierno es un lugar de oscuridad (Mateo 8:12) *contra* el Infierno es un lugar donde hay luz (Marcos 9:48).

La excusa: Ése es lo que dice pero ése no es lo que significa. El fuego significa un lugar de destrucción y la oscuridad significa un lugar de los perdidos.

La refutación: (Vea la carta de la Contestación [E] en el Mapa de la Refutación). Sabemos que cuando la Biblia está hablando de fuego significa literalmente fuego porque en otro pasaje, un hombre en el Infierno dice:

"...moje la punta de su dedo en agua, y refresque mi lengua; porque soy atormentado en esta llama." (Lucas 16:24)

De nuevo, sabemos que este pasaje está hablando literalmente de un fuego encendido porque la siguiente cita dice:

"...Estos dos fueron lanzados vivos dentro del lago de fuego ardiendo en azufre." (Revelación 19:20)

La corrección: El infierno es de hecho un lugar lleno de llamas, y el Corán clarifica que la oscuridad Jesús está refiriéndose es el líquido fundido vertido en los malhechores:

"Esto ¡que lo gusten!: agua muy caliente, hediondo líquido." (Corán 38:57)

Por consiguiente, en lugar de los apologéticos Bíblicos intentando cambiar los significados de las palabras o intentando usar significados metafóricos en lugar de usar un significado literal, el Corán explica que el líquido usado es oscuro, como la corteza y fuma de la lava.

"Es el fuego de (la ira de) Alá encendido (en llamas)." (Corán 104:6)

Una llama de ignición es la situación del Infierno y su oscuridad hirviente es como el líquido se encontrará a los malhechores en la situación. Así es que el Corán Noble detalla literalmente lo que le pasará a los desobedientes.

195.   ¿Otra oportunidad?

Equivocación: La Biblia demanda que una vez que el creyente pierde la fe, él o ella nunca puede devolverse a Dios:

"Porque es imposible que los que una vez recibieron la luz, y que gustaron aquel don celestial, y que fueron hechos partícipes del Espíritu Santo; y que así mismo gustaron la buena palabra de Dios, y las virtudes del siglo venidero, y recayeron, sean renovados de nuevo por arrepentimiento colgando en el madero otra vez para sí mismos al Hijo de Dios, y exponiéndolo a vituperio." (Hebreos 6:4-6)

La excusa: Los teólogos Bíblicos difieren en su interpretación de estos pasajes. Algunos conceden que la salvación se puede perder, otros exigen que es un traducción mala. La traducción no debe decir que los creyentes se "cayeron" sino que se han ido "flotando" fuera de la fe indicando que todavía hay esperanza.

La refutación: (Vea la carta de la Contestación [I] en el Mapa de la Refutación). No tiene que ver si los creyentes "cayeron" o se han ido "flotando" de la fe – el contexto del verso (Hebreos 6:4) todavía dice que es "imposible" para uno regresar a la fe. Por consiguiente, los apologéticos Bíblicos ofrecen una esperanza falsa porque ignoran el contexto.

La corrección: El Corán Santo reconoce que algunas personas se "caen" o "flotan" fuera de su religión. El Corán no abandona las esperanzas de estas personas como la Biblia hace. El Corán Sagrado explica que Dios nos da más de una sola oportunidad para arrepentirse y para ser salvo:

"A quienes crean y luego dejen de creer, vuelvan a creer y de nuevo dejen de creer, creciendo en su incredulidad, Alá no está para perdonarles ni dirigirles por un camino." (Corán 4:137)

En el Corán, aquéllos que se van se dan otra oportunidad. Al contrario de la Biblia, aquéllos que van descaminado del camino recto, incluso una vez, no puede devolver atrás a Dios.

196.   ¿Salvo para siempre?

Equivocación: La Biblia demanda que la salvación se puede perder:

"Porque es imposible que los que una vez recibieron la luz, y que gustaron aquel don celestial, y que fueron hechos partícipes del Espíritu Santo; y que así mismo gustaron la buena palabra de Dios, y las virtudes del siglo venidero, y recayeron, sean renovados de nuevo por arrepentimiento colgando en el madero otra vez para sí mismos al Hijo de Dios, y exponiéndolo a vituperio." (Hebreos 6:4-6)

Pero en otra parte, la Biblia dice que la salvación es permanente:

"Y yo les doy vida eterna y no perecerán para siempre, y nadie las arrebatará de mi mano." (Juan 10:28, romanos 8:38-39, Efesios 1:13)

La excusa: Algunos teólogos Bíblicos difieren en su interpretación de estos pasajes sobre la salvación. Algunos dicen que se puede perder, otros exigen es un Traducción mala – que en vez de decir que los creyentes se "caen" debe decir que "flotan" hacia otra dirección y que todavía hay esperanza.

La refutación: (Vea la carta de la Contestación [I] en el Mapa de la Refutación). Aunque diga que los creyentes se han "caído" o "flotan" hacia otra dirección, todavía están fuera de la vía recta y es posible perder la salvación como otras partes de la Biblia confirman:

"Mas si el justo se apartare de su justicia, y cometiere maldad, e hiciere conforme a todas las abominaciones que el impío hizo; ¿vivirá él? Todas las justicias que hizo no vendrán en memoria; por su rebelión con que prevaricó, y por su pecado que cometió, por ellos morirá." (Ezequiel 18:24)

"Ciertamente, si habiéndose ellos apartado de las contaminaciones del mundo, por el conocimiento del Señor y Salvador Jesús, el Cristo, y otra vez envolviéndose en ellas son vencidos, sus postrimerías les son hechas peores que los principios. Porque mejor les hubiera sido no haber conocido el camino de la justicia, que después de haberlo conocido, tornarse atrás del santo mandamiento que les fue dado." (2 Pedro 2:20-21)

Estos dos pasajes adicionales, además de demostrar que un creyente puede ir descaminado, también va un paso más declarando que los apóstatas sufrirán o serán matado. Su destino eterno cambiará porque ellos ya no se entregan y toda su rectitud serán borrado.

La corrección: El Corán Sagrado afirma sin contradicción que las personas sí se "caen" y se desvían de su religión. La salvación es una meta perpetua. El Corán no es tan absoluto como la Biblia. El Corán Sagrado explica que Dios nos da más de una sola oportunidad para arrepentirnos y volver a la vía recta:

"A quienes crean y luego dejen de creer, vuelvan a creer y de nuevo dejen de creer, creciendo en su incredulidad, Alá no está para perdonarles ni dirigirles por un camino." (Corán 4:137)

(X.) COSAS ADICIONALES

197.   ¿Recompensado en la Tierra o en el Cielo?

Equivocación: "Ciertamente el justo será recompensado en la tierra; ¡cuánto más el impío y el pecador!." (Proverbios 11:31) *contra* "Le dice Jesús: Si quieres ser perfecto, anda, vende lo que tienes, y dalo a los pobres, y tendrás tesoro en el cielo; y ven, sígueme." (Mateo 19:21, 1 Corintios 3:12–15, Apocalipsis 22:12).

La excusa: Las recompensas empiezan en la tierra y se completan en el Cielo.

La refutación: Ésta es una reclamación sin base. Muchos creyentes sufren en esta vida sin premios. Además, muchas personas virtuosas tienen muchos menos que los malos.

Por consiguiente, el garantizar que los píos se premian en esta vida es una mentira e imposibilidad. Aun si un premio parcial empieza en la tierra, no soporta la declaración que el virtuoso tendrá "más premios que el malo en la tierra."

El propio Pablo es uno que sufrió una muerte atormentada en esta vida en lugar de que él se premiará en la vida próxima (Actos 14:19).

De hecho, Pablo dice que el virtuoso "sufrirá" en esta vida (no será recompensado) y en cambio se premiará en la próxima vida, mientras desacreditando la demanda que nosotros nos premiaremos más que los malos en esta vida por ser virtuoso:

"Si sufrimos, también reinaremos con él..." (2 Timoteo 2:12)

En una contradicción completa a Salomón, Pablo dice que el virtuoso es garantizado sufrir, no ser premiado en la tierra:

"Y también todos los que quieren vivir píamente en Cristo Jesús, padecerán persecución." (2 Timoteo 3:12)

La corrección: El Corán Sagrado no hace la demanda poco realista que los tesoros de la tierra es una reflexión de la rectitud de uno. En cambio, el Corán Sagrado explica que algunos reciben premios en esta vida como una prueba para la vida más importante, la vida eterna:

"Alá dispensa el sustento a quien Él quiere: a unos con largueza, a otros con mesura. Se han regocijado en la vida de acá y la vida de acá no es, comparada con la otra, sino breve disfrute..." (Corán 13:26)

"Él es Quien os ha hecho sucesores en la tierra y Quien os ha distinguido en categoría a unos sobre otros, para probaros en lo que os ha dado. Tu Señor es rápido en castigar, pero también es indulgente, misericordioso." (Corán 6:165)

"Hemos adornado la tierra con lo que en ella hay para probarles y ver quién de ellos es el que mejor se porta." (Corán 18:7)

Es cierto que algunos virtuosos recibirán premios en esta vida, pero al contrario de la Biblia, se clarifica que el premio en el Cielo será más:

"Alá les dio la recompensa de la vida de acá y la buena recompensa de la otra. Alá ama a quienes hacen el bien." (Corán 3:148)

La diferencia entre la Biblia y el Corán es simplemente que el Corán explica que algunas personas virtuosas se premian en ambas vidas pero el Corán no comete el error de decir que el virtuoso se premiará más en la tierra. En cambio, el premio mejor está en el Cielo.

198. ¿Muerte en el Infierno?

Equivocación: La Biblia exige que los pecadores se destruirán:

"Y el infierno y la muerte fueron lanzados en el lago de fuego. Esta es la muerte segunda." (Apocalipsis 20:14, 2 Tesalonicenses 1:9) mientras que la Biblia se contradice diciendo en otra parte que los pecadores vivirán una vida de tortura:

"Y en el infierno alzó sus ojos, estando en los tormentos, y vio a Abraham de lejos, y a Lázaro en su seno. Entonces él, dando voces, dijo: Padre Abraham, ten misericordia de mí, y envía a Lázaro que moje la punta de su dedo en agua, y refresque mi lengua; porque soy atormentado en esta llama." (Lucas 16: 23-24)

La excusa: Eso es lo que dice pero eso no es lo que significa. La muerte en Apocalipsis 20:14 no es una muerte física pero una espiritual como le paso a Adán en el jardín de Edén.

La refutación: (Vea la carta de la Contestación [E] en el Mapa de la Refutación). Ya que la Biblia no dice nada sobre la regeneración de la piel como en el Corán, tenemos que lógicamente y científicamente tomar la palabra de "muerte" literalmente

La corrección: El Corán Sagrado clarifica que la piel de los malhechores se regenerará en el Infierno para que guarden sus conciencias para sentir el fuego:

"A quienes no crean en Nuestros signos les arrojaremos a un Fuego. Siempre que se les consuma la piel, se la repondremos, para que gusten el castigo. Alá es poderoso, sabio." (Corán 4:56)

"Que arderá en el tan grande Fuego sin en él morir ni vivir." (Corán 87:12-13)

199.   ¿La tierra para siempre?

Equivocación: "Generación va, y generación viene; mas la tierra siempre permanece." (Eclesiastés 1:4, Salmos 78:69, 104:5) *contra* "El cielo y la tierra pasarán; mas mis palabras no pasarán." (Lucas 21:33, 2 Pedro 3:10).

La excusa: Traducción mala.. La palabra "siempre" realmente debe ser por un "tiempo largo."

La refutación: (Vea la carta de la Contestación [I] en el Mapa de la Refutación). De nuevo, cristianos intentan de re-inventar los significados de palabras para evitar los centenares de contradicciones.

La corrección: El Santo Corán confirma que la tierra no durará para siempre – habrá un día cuando la tierra se destruirá:

"Cuando la tierra sea allanada, vomite su contenido, vaciándose…" (Corán 84:3-4)

200.   ¿Cielo eterno?

Equivocación: Los creyentes heredarán vida eterna en el Cielo (1 Pedro 1:4) *contra* el Cielo fallecerá. (Salmos 102:25-26, Lucas 21:33, 2 Pedro 3:10)

La excusa: Traducción mala..

La refutación: (Vea la carta de la Contestación [I] en el Mapa de la Refutación).

La corrección: El Corán Sagrado, diferente a la Biblia, explica que hay niveles diferentes del Cielo:

"Es Quien ha creado siete cielos superpuestos. No ves ninguna contradicción en la creación del Compasivo. ¡Mira otra vez! ¿Adviertes alguna falla?" (Corán 67:3)

El Cielo al nivel de la tierra de hecho se destruirá en el Día de Juicio. Cuando el primer nivel se destruye, los otros niveles superiores quedarán para los piadosos.

"El día que se desgarre el nubarrón del cielo y sean enviados abajo los ángeles." (Corán 25:25)

201. ¿Sentir tentaciones?

Equivocación: Cristianos declaran que Dios necesitó enviar a Jesús a la tierra para conocer las tentaciones de la carne para derrotarlo:

"Y Jesús, lleno del Espíritu Santo, volvió del Jordán, y fue agitado del Espíritu al desierto por cuarenta días, y era tentado del diablo. Y no comió nada en aquellos días; los cuales pasados, después tuvo hambre." (Lucas 4:1-2)

"Porque lo que era imposible a la ley, por cuanto era débil por la carne, Dios enviando a su Hijo en semejanza de carne de pecado, y por el pecado, condenó al pecado en la carne." (Romanos 8:3)

La excusa: Ninguno disponible.

La corrección: Dios (Alá) ya es el Omnipresente. Dios no necesitó enviar a cualquiera para aprender sobre sus tentaciones. Alá no necesita bajar del Cielo porque Él ya está consciente de todo y Él no necesita descender del Cielo para ver lo que está pasando porque Él ya puede ver todo:

"Sí, hemos creado al hombre. Sabemos lo que su mente le sugiere. Estamos más cerca de él que su misma vena yugular." (Corán 50:16)

202.   ¿Quién Robó?

Equivocación: Los cristianos demandan que Jesús es Dios. Mientras Jesús se rodeaba por una muchedumbre, alguien le robó un poco del poder de Jesús:

"Y una mujer, que tenía flujo de sangre hacía ya doce años, la cual había gastado en médicos toda su hacienda, y por ninguno había podido ser curada, llegándose por las espaldas, tocó el borde de su vestido; y luego se estancó el flujo de su sangre. Entonces Jesús dijo: ¿Quién es el que me ha tocado? Y negando todos, dijo Pedro y los que estaban con él: Maestro, la multitud te aprieta y oprime, y dices: ¿Quién es el que me ha tocado? Y Jesús dijo: Me ha tocado alguien; porque yo he conocido que ha salido virtud de mí." (Lucas 8:43-46)

La excusa: Ninguno disponible.

La corrección: Dios en el Corán tiene conocimiento de todo y conocimiento de lo que es tomado o no se toma:

"No equiparéis entre vosotros el llamamiento del Enviado a un llamamiento que podáis dirigiros unos a otros. Alá sabe quiénes de vosotros se escabullen a escondidas. ¡Que tengan cuidado los que se hurtan a Su orden, no sea que les aflija una prueba o que les aflija un castigo doloroso!." (Corán 24:63)

203.   ¿El Amor incondicional?

Equivocación: La Biblia enseña que Dios amará a los pecadores (Mateo 5:43-45, Romanos 5:6-10, 8,:38–39,) *contra* Dios no amará a los pecadores (Hosea 9:15):

"Toda la maldad de ellos fue en Gilgal; allí, pues, les tomé aversión: por la malicia de sus obras los echaré de mi Casa; nunca más los amaré; todos sus príncipes son desleales."

La excusa: Ninguno disponible.

La corrección: Sería un castigo a los virtuosos si Dios amara a los pecadores, porque entonces el Juicio de Dios no tendría valor justo. Si fuera así el Cielo estaría lleno de asesinos junto con sus víctimas, mientras haciendo el potencial de más violencia y venganza en la otra vida. En cambio, Dios en el Corán es un Juez justo y da Su amor a aquéllos que no rechazan el amor de Dios:

"Para retribuir con Su favor a los que hayan creído y obrado bien. Él no ama a los infieles." (Corán 30:45)

204.   ¿Todos los pecados son iguales?

Equivocación: Los cristianos exigen que todos los pecados tienen una consecuencia igual, no hay ninguna diferencia entre modestia o asesinato:

"Porque cualquiera que hubiere guardado toda la ley, y ofendiere en un punto, es hecho culpable de todos." (Santiago 2:10)

Contra

"Un acreedor tenía dos deudores: el uno le debía quinientos denarios, y el otro cincuenta; y no teniendo ellos con qué pagar, soltó la deuda a ambos. Di, pues, ¿cuál de éstos le amará más? Y respondiendo Simón, dijo: Pienso que aquel al cual soltó más. Y él (Jesús) le dijo: Rectamente has juzgado." (Lucas 7:41-43)

La "deuda" se refiere al pecado de contra Dios. Hay muchas referencias en ambos Testamentos, Antiguos y Nuevos, de cómo se castigarán los varios pecados diferentemente, demostrando que todos pecados no son iguales. Algunos pecados nos empujan más fuera del amor de Dios que otros.

La excusa: Ninguno disponible.

La corrección: Dios en el Corán es un Juez justo que nos confronta con un sistema de responsabilidad dónde cada decimal de malo o bueno que hacemos se tiene en cuenta para un veredicto:

"Ese día los hombres surgirán en grupos, para que se les muestren sus obras. Quien haya hecho el peso de un átomo de bien, lo verá. Y quien haya hecho el peso de un átomo de mal, lo verá." (Corán 99:6-8)

205.   *¿Los judíos son los elegidos de Dios?*

Equivocación: La Biblia exige que los judíos fueron escogidos por Dios sobre todas la gente y cueste lo que cueste, ellos son los elegidos de Dios.

"Porque tú eres pueblo santo al Señor tu Dios; el Señor tu Dios te ha escogido para serle un pueblo único, diferente a todos los pueblos que están sobre la faz de la tierra. No por ser vosotros más que todos los pueblos os ha codiciado el Señor, y os ha escogido; porque vosotros erais los más pocos de todos los pueblos." (Deuteronomio 7:6-7)

En la Biblia, Dios no eligió a los judíos porque no tenían pecados:

"Por tanto, sepas que no por tu justicia el Señor tu Dios te da esta buena tierra que la heredes; que pueblo duro de cerviz eres tú." (Deuteronomio 9:6)

La Biblia dice que los judíos fueron elegidos sobre todas la gente por una promesa hecho a los antepasados de los judíos.

"Porque el Señor os amó, y quiso guardar el juramento que juró a vuestros padres, os ha sacado el Señor con mano fuerte, y os ha rescatado de casa de siervos, de la mano del Faraón, rey de Egipto." (Deuteronomio 7:8)

contra

"Hijos de Israel, ¿no me sois vosotros, como hijos de etíopes, dijo el Señor? ¿No hice yo subir a Israel de la tierra de Egipto, y a los palestinos de Caftor, y a los sirios de Kir?" (Amós 9:7)

La excusa: Ninguno disponible.

La corrección: En el Corán, Dios dice que Él favoreció los judíos pero fue condicional.

"Decretamos en la Escritura respecto a los Hijos de Israel: Ciertamente, corromperéis en la tierra dos veces y os conduciréis con gran altivez. Cuando, de las dos amenazas, se cumpla la primera, suscitaremos contra vosotros a siervos Nuestros, dotados de gran valor y penetrarán en el interior de las casas. Amenaza que se cumplirá». Cuando, de las dos amenazas, se cumpla la primera, suscitaremos contra vosotros a siervos Nuestros, dotados de gran valor y penetrarán en el interior de las casas.

Amenaza que se cumplirá». Más tarde, os permitimos desquitaros de ellos. Os dimos más hacienda e hijos varones e hicimos de vosotros un pueblo numeroso. El bien o mal que hagáis redundará en provecho o detrimento vuestro. «Cuando se cumpla la última amenaza, os afligirán y entrarán en el Templo como entraron una vez primera y exterminarán todo aquello de que se apoderen». Quizá vuestro Señor se apiade de vosotros. Pero, si reincidís, Nosotros también reincidiremos. Hemos hecho de la gehena cárcel para los infieles." (Corán 17:4-8)

Dios explica en el Corán que la salvación no tiene que ver con su origen étnico o su raza, sino con su creencia y sus acciones:

Hay entre la gente de la Escritura quienes creen en Alá y en la Revelación hecha a vosotros y a ellos. Humildes ante Alá, no han malvendido los signos de Alá. Esos tales tendrán su recompensa junto a su Señor. Alá es rápido en ajustar cuentas. (Corán 3:199)

La conclusión

En la misma manera que Moisés llevo a los judíos fuera de Egipto, el Corán ha partido también un mar de errores en la Biblia. Venimos a varias conclusiones al final de esta exploración. Hemos encontrado que lo qué miles de editores de la Biblia no pudieron hacer hacia miles de años, el Corán ha producido de una manera precisa y clara.

Otro descubrimiento de está investigación es que el Corán Sagrado trae un equilibrio aceptable entre los judíos y cristianos. Para los judíos, Jesús se convierte de un carpintero a un Mesías y para los cristianos, Jesús se convierte de un Dios a un Profeta. El equilibrio es que judíos y cristianos se pueden aceptar y pueden tener una creencia que pueden compartir – una creencia creíble en Jesús y su Creador.

Para los judíos, la salvación se hizo más fácil, para cristianos, la salvación se hizo más difícil, dándole un nivel de equilibrio entre ambos lados que pueden aceptar. Además, una explicación más clara fue hecho del destino de tierra y la vida después. Los rabinos y sacerdotes del Judaísmo y la Cristiandad fueron despojado de sus poderes para reinterpretar las Escrituras que causaron a los humanos desviarse del camino de Dios.

El pináculo de unidad que el Corán trae entre los judíos y cristianos es el destino de Jesús. Cristo no se usa como una víctima propiciatoria en el Corán; no había necesidad de Jesús morirse para lograr la salvación para la Cristiandad. El Corán dice explícitamente que los judíos no mataron a Jesús – tal creencia fue el combustible para muchas cruzadas e incluso el Holocausto según muchos historiadores.

En el libro de Adolfo Hitler, *Mein Kamf*, Hitler proclamó repetidamente que él estaba haciendo el "trabajo del Señor." En una celebración de Navidad en 1926, Hitler declaró, "Cristo fue el luchador más grande antiguo en la batalla contra el enemigo mundial, los judíos... El trabajo que Cristo empezó pero no podría terminar, yo Adolfo Hitler concluirá."

Muchas de la propaganda Nazi etiquetaron a los judíos como "asesinos de Cristo." Es mi creencia sincera que si Hitler y muchos de los perseguidores de los judíos creían que los judíos no mataron a Jesús como el Corán enseña, entonces se habrían salvado millones de vidas. De hecho, durante muchos de los pogromes y el Holocausto, naciones musulmanas que veían a los judíos como monoteístas compañeros que no mataron a Jesús, protegieron los judíos de sus perseguidores. El Corán arbitra entre los judíos y cristianos para unirlos como los musulmanes fraternales.

Otra conclusión es que el Corán autoriza a las mujeres en Judaísmo y Cristiandad con la libertad de discurso, derechos de herencia, y derechos matrimoniales no disponible en la Biblia. El Corán quita la maldición y la culpa de las hembras y de Eva y sus descendientes hembras.

La tecnología moderna aumentará más la religión más rápidamente creciente en el mundo simplemente porque el Internet y los programas de búsqueda están permitiéndoles a las personas descubrir cómo Islám sobresale en la verdad las otras religiones en una magnitud insondable antes.

Entre más profundo podemos analizar los textos, comparando palabras y frases, más podemos descubrir la naturaleza Divina del Corán. Esto es increíble porque nos ha tomado computadoras del alta tecnología para sólo descubrir cómo el Corán corrige la Biblia. En los días de Profeta Mohamet (la paz esté con él), dónde las computadoras estaban más de un milenio, habría sido imposible para un ser humano hacer las correcciones porque hoy está tomando computadoras poderosas para ayudar comprender que estas correcciones existen.

Nosotros también hemos manejado dispersar muchos mitos completando este manuscrito macizo. Hemos manifestado cómo el Corán remienda, en vez de copiar la Biblia. Más importante, hemos establecido que el Corán no es de Satanás como algunos predicadores anti-islámicos exigen. De hecho, porque el Islám re-confirma la validez de las leyes en la Biblia, el Corán expone un esfuerzo realmente por Satanás de desviar a personas de Dios. Satanás desde el comienzo (con Adán y Eva), intentó persuadir los humanos no obedecer a Dios. Satanás engañó a los humanos con un árbol castaño y una manzana roja, así como de nuevo trató con una cruz castaña y sangre roja. Esto significa que la mayoría de cristianos se han llevado asumir que ellos no son responsable de obedecer las leyes de Dios, exigiendo que la sangre de Jesús en el crucifijo expió todos sus pecados y haciéndolos más cerca a Dios. Esto es exactamente el mismo tipo de manipulación Satanás maniobró a Adán y Eva; Satanás le dijo a Adán y Eva que si ellos aceptan la manzana roja ellos se volverían más como Dios. El constante siniestro en ambos guiones es tomando atajos que resultan en desobedeciendo Dios. En el Corán, este atajo de salvación que personas se tientan con en el Evangelio es quitado. En cambio somos enseñados como en Judaísmo, que todos somos responsables para nuestros propios pecados, mientras guardando las leyes así como teniendo fe en Dios son clave para la salvación – no sólo uno o el otro.

Hay muchos milagros en el Corán que incluyen asombros científicos, matemáticos, y literarios. Por consiguiente, el Corán no sólo está de pie solo, pero también rescata la Biblia. Concluyendo, mientras hay más de 200 correcciones válidas, si el lector acepta sólo una manera que el Corán corrige la Biblia, entonces el lector debe comprender que es una bendición y no un ataque a la Biblia. El Corán ayuda al lector a creer las historias en la Biblia. Así es que el Islám es la religión más creciente en el mundo simplemente porque la verdad siempre prevalece. En el tiempo del Profeta Mohamet (la paz esté con él), la proporción de musulmanes comparado a los judíos y cristianos era: un musulmán para cada millón de judíos y cristianos. Hoy la proporción es, un judío para cada 100 musulmanes, y la proporción entre las musulmanes y cristianos se ha disipado a 1 musulmán para cada 2 cristianos. Según "El Almanaque de Hechos" (*The Almanac Book of Facts*), la población mundial aumentó 137% en la última década, la Cristiandad aumentó 46%, mientras Islám aumentó 235%.

Nosotros invitamos a los lectores no-musulmanes a aceptar al Islám (la sumisión a Dios) como enseñado en el Corán Sagrado. Te dejamos con una traducción de una carta de invitación al Islám del Profeta Mohamet (la paz esté con él) a los reyes no-musulmanes antiguos del Medio Oriente:

"La alabanza sea para Alá, el Rey, el Todo-Santo, el Pacificador, el Guardián de la Fe, el Vigilante. Él es Alá, no hay ninguna divinidad pero Él, el Señor Soberano, el Santo, el Todo-pacífico, el Guardián de la Fe, el Guardián, el Majestuoso, el Obligador, el Todo-sublime. Glorificado sea Alá de todos ellos que asocian con Él. Y yo soy testigo que Jesús, el hijo de Maria, es un espíritu de Alá y Su Palabra que Él envió a Maria la Virgen, la buena, la pura, para que ella concibiera a Jesús. Alá lo creó de Su Espíritu y Su Respiración como Él creó a Adán por Su Mano y Su Respiración. Yo te llamo a Alá, el Único, sin compañero, a Su obediencia, y a seguirme y creer en lo que me vino, porque yo soy el Mensajero de Alá. Paz esté con todos aquéllos que siguen la verdadera guía."

Que Dios lo bendice con el hambre del conocimiento y la habilidad de aceptar la verdad una vez que el conocimiento viene a usted.

Nosotros también invitamos a los musulmanes a cumplir con sus deberes invitando a los no-musulmanes al Islám. El mismo esfuerzo de esta investigación ha sido hecho para los no-musulmanes igualmente para los musulmanes. Tenemos la esperanza que los musulmanes han encontrado en este libro la confianza y el optimismo para invitar a los no-musulmanes.

Docenas de universidades religiosas ofrecen grados universitarios intentando de resolver los problemas de la Biblia. En lugar de estos jóvenes gastando años de sus vidas para volverse apologéticos de la Biblia, animamos al lector a invitar éstos los estudiantes universitarios e incluso sus profesores para descubrir las correcciones en el Corán.

En mis propios debates con los judíos y cristianos, yo he encontrado esta rica recopilación muy útil y muy fácilmente usado como una refutación tópica y como enciclopédica de religión comparativo. Cualquier de las maneras el Corán corrige la Biblia en este libro es un punto de diálogo en las similitudes y superioridad del Corán. El principio y acabo del debate entre el musulmán y el no-musulmán ya está expuesto. Éste libro te da la preparación y el instrumento de mostrar la Luz de Dios eficazmente en el Corán al no-musulmán. Dios nos ordena específicamente más de diecisiete veces en el Sagrado Corán invitar a las Gente del Libro (los judíos y cristianos), al camino de Alá. Por ejemplo:

"Di: «¡Gente de la Escritura! Convengamos en una fórmula aceptable a nosotros y a vosotros, según la cual no serviremos sino a Alá, no Le asociaremos nada y no tomaremos a nadie de entre nosotros como Señor fuera de Alá». Y, si vuelven la espalda, decid: «¡Sed testigos de nuestra sumisión!»" (Corán 3:64)

Además de invitar a cristianos, nosotros debemos aumentar nuestros esfuerzos 100% para invitar a los judíos. Musulmanes que invitan a los judíos al Islám son muy raros. Dios nos dio el Corán para compartir con los judíos y cristianos. El Profeta Mohamet (la paz y bendiciones estén con él), enseñándonos por ejemplo, invitaba a los judíos al Islám y también les envió musulmanes con sabiduría del Islám a que convirtieran a los judíos prometiéndoles su recompensa al fin. Para concluir, nuestra desobediencia, pesimismo y falta de confianza hacia invitar a los judíos al Islám ha producido el estado de Israel – el único país no-musulmán en el Medio Oriente.

El grupo cristiano "Judíos para Jesús" ha convertido a 300,000 judíos. Los judíos soportaron las cruzadas y el Holocausto a manos de cristianos y la Cristiandad enseña que las Leyes de Moisés son como trapos para botar, pero todavía casi medio millón de judíos aceptaron la Cristiandad sólo por los cristianos preguntarle. Así que cumpla con su deber y simplemente pregunte de una manera cortés como a nosotros se nos ordena:

"Llama al camino de tu Señor con sabiduría y buena exhortación. Discute con ellos de la manera más conveniente. Tu Señor conoce mejor que nadie a quien se extravía de Su camino y conoce mejor que nadie a quien está bien dirigido." (Corán 16:125)

La bibliografía

Abdullah, Yusuf Ali. *El Corán Sagrado, la Traducción inglesa de los Significados y Comentario (The Holy Qur'an, English Translation of the Meanings and Commentary* . Madinah, Arabia Saudita,: King Fahd Holy Qur'an Printing el Complex, 1991.

Abou Shabanah, Mirvet. *Un Aspecto Favorable del Corán en Honrando la Mujer (A Favourable Aspect of the Quran in Honouring the Woman).* Cairo, Egipto,: El Concilio Supremo de Asuntos islámicos, 1999.

Ahmed, Mansur y Saifullah, Muhammad y Ghounem, Muhammad. *La refutación de pidiendo prestado las Teorías del Corán (Refutation of Borrowing the Theories of the Qur'an).* http://www.Islámicawareness.org/Quran/Sources/ 20 de Oct., 2003.

Ajijola, AlHaj A.D. *El Mito de la Cruz (The Myth of the Cross).* Lahore, Pakistán,: Publicaciones Islámicas Limitado, 1975.

Al Fandy, Muhammad Jamaluddin. *Sobre los Versos Cósmicos en el Corán (On Cosmic Verses in the Quran).* Cairo, Egipto: El Concilio Supremo de Asuntos islámicos, 1994.

Ali, Maulana Muhammad. *La Historia de los Profetas como Narrado en el Corán Santo Comparado con la Biblia (History of the Prophets as Narrated in the Holy Quran Compared with the Bible).* Columbus, Ohio, EEUU: El Ahmadiyya Anjuman Isha'at Islám Lahore, Inc, 1996.

Archer, Gleason L. *La Nueva Enciclopedia Internacional de Dificultades en la Biblia (New International Encyclopedia of Bible Difficulties).* Grand Rapids, Michigan, EEUU: Zondervan, 1982.

Bucaille, Maurice. *La Biblia, el Corán, y Ciencia.* Indianapolis, Indiana, EEUU: El American Trust Publications, 1979.

Burr, William Henry. *Auto-Contradicciones de la Biblia (Self-Contradictions of the Bible).* Nueva York, NY, EEUU: A. J. Davis y Company, 1860.

Clarke, Adam y Earle, Ralph H. *Comentario de Adam Clarke sobre la Biblia (Adam larke's Commentary on the Bible).* Nashville, Tennessee, EEUU: World Bible Publishing, 1996.

Deedat, Ahmed. *¿Fue Jesús Crucificado?(Was Jesus Crucified?)* Chicago, Illinois, EEUU: Publicaciones Kazi, 1992.

Dirks, Jerald F. *La Cruz y La Media Luna (The Cross and The Crescent).* Beltsville, Maryland, EEUU: Publicaciones Amana, 2003.

Cortés, Julio. *El Corán.* Tahrike Tarsile Quran, Inc. Elmhurst, NY, EEUU 1996

Fatoohi, Louay y Al Dargazelli, Shetha. *La Historia dá Testimonio a la Infalibilidad del Corán (History Testifies to the Infalibility of the Quran).* Kuala Lumpur: A.S. Noordeen, 2001.

Geiger, Abraham. *Judaísmo e Islám (Judaism and Islam).* Nueva York, NY, EEUU: Editora KTAV, Inc., 1970.

Geisler, Norman y Howe, Thomas. *Cuando Los Críticos Preguntan (When Critics Ask).* Grand Rapids, Michigan, EEUU: Baker Books, 1992.

Geisler, Norman y Saleeb, Abdul. *Contestando al Islám; La Media Luna en la Luz de la Cruz (Answering Islam: The Crescent in Light of the Cross).* Segunda edición. Grand Rapids, Michigan, EEUU: Baker Book House, 2002.

Geisler, L. Norman y Brooks, Ronald M. *Cuando Los Escépticos Preguntan (When Skeptics Ask).* Wheaton, Illinois, EEUU: Victor Books, 1990.

Geisler, L. Norman y Mackenzie, el Ralph E. *Católicos Romanos y Evangélicos: Acuerdos y Diferencias (Roman Catholics and Evangelicals: Agreements and Differences).* Grand Rapids, Michigan, EEUU: Baker Book House, 1995.

Geisler, L. Norman y Rhodes, Ron. *Cuando Sectas Preguntan (When Cultists Ask).* Grand Rapids, Michigan, EEUU: Baker Book House, 1997.

Ghounem, Mohamed. *¿Quién Es Nuestro Salvador: Alá o Jesús? (Who is our Saviour? Allah or Jesus).* Cairo, Egipto: M.G. Enterprise, 2000.

Haley, John W. *Diferencias Alegadas de la Biblia (Alleged Discrepancies of the Bible).* Grand Rapids, Michigan, EEUU: Baker Book House, 1996.

Henry, Matthew. *Comentario de Matthew Henry de la Biblia Entera (Matthew Henry's Commentary on the Whole Bible)*. Peabody, Massachussetts, EEUU: Hendrickson Publishers, Inc, 1991.

Ibn Abdullah, Misha'al. *¿Qué dijo Jesús Realmente? (What Did Jesus Really Say?)*. Ann Arbor, Michigan, EEUU: IANA, 1996.

Jamieson, Robert y Fausset, A.R. y Brown, David. *Comentario de la Biblia de Jamieson-Fausset-Brown (Jamieson-Fausset-Brown Bible Commentary)*. Peabody, Massachussetts, EEUU: Hendrickson Publishers, Inc., 1997.

Kaiser, Walter C. y Davids, H. *Los Refranes Difíciles de la Biblia (Hard Sayings of the Bible)*. Downers Grove, Illinois, EEUU: InterVarsity Press, 1992.

Katz, Jochen. *Jesús y los 99 Nombres (Jesus and the 99 Names)*. http://answering-Islám.org/Who/99names.html 21 de Oct., 2003.

La Biblia, Version Rey Santiago (The Bible, King James Version). Oak Harbor, Washington, EEUU: Logos Research Systems, Inc., 1995.

Las Sagradas Escrituras Version Antigua, Russell Martin Stendal, 1999

La Santa Biblia: Antiguo y Nuevo Testamento, Versión Reina-Valera 1960. Sociedades Bíblicas en América Latina; 1988 Sociedades Bíblicas Unidas

La Traducción de las Noticias Buena (The Good News Translation). Grand Rapids, Michigan, EEUU: Zondervan, 2001.

McKinsey, C. Dennis. *La Enciclopedia de Equivocaciones Bíblicas (The Encyclopedia of Biblical Errancy)*. Del Mar, California,: Promethean Books, 1995.

Nave, Orville J. *Biblia Tópica de Nave (Nave's Topical Bible)*. Peabody, Massachussetts, EEUU: Hendrickson Publishers, 2002.

Neusner, Jacob y Sonn, Tamara. *Comparando las Religiones a través de la Ley: Judaísmo e Islám (Comparing Religions through Law: Judaism and Islam)*. Nueva York, NY, EEUU: Routledge, 1999.

Pickthall, Marmaduke William, y Arafat Kamil Ashshi. *El Significado del Corán Glorioso: El Texto y la Traducción Explicativa (The Meaning of the Glorious Quran: Text and Explanatory Translation).* Beltsville, Maryland,: Amana Publications, 1994.

Richards, Larry. *735 Preguntas Difíciles de la Biblia Contestadas (735 Baffling Bible Questions Answered).* Grand Rapids, Michigan, EEUU: Fleming H. Revell, 1997.

Sagrada Biblia. Barcelona, España: Editorial Herder1965

Shakir, Mahomodali. *La Traducción del Corán (The Quran Translation).* Elmhurst, NY,: Tahrike Tarsile Quran, 1986.

Smith, Ben J. *Diferencias: La Biblia y el Corán (Differences: The Bible and the Koran).* Nashville, Tennessee, EEUU: Cumberland House Publication, Inc., 2002.

Strong, James H. *La Concordancia Exhaustiva de Strong (Strong's Exhaustive Concordance).* Grand Rapids, Michigan, EEUU: Baker Book House, 1989.

Torrey, Charles Cutler. *La Fundación judía del Islám (The Jewish Foundation of Islam).* Nueva York, NY, EEUU,: El Instituto judío de Prensa de Religión, 1933.

Torrey, R.A. *El Nuevo Texto Tópico de Torrey (Torrey's New Topical Textbook).* Murfreesboro, Tennessee, EEUU: Sword of the Lord Publishers, 2000.

Wells, Steve. *La Biblia Anotada de los escépticos (Skeptic's Annotated Bible).* http://www.skepticsannotatedbible.com/ 14 de Oct., 2003.

El índice

Adán, 26, 37, 46, 65, 85, 88, 89,
90, 107, 108, 109, 110, 122, 123,
126, 138, 147, 156, 157, 170,
171, 191, 195, 203, 211, 212
adulterio, 34, 87, 99, 100, 111, 112,
113, 115, 118, 148
ángeles, 19, 23, 27, 49, 50, 102,
103, 107, 141, 147, 151, 154,
155, 157, 164, 170, 172, 187,
194, 195, 205
animales, 29, 44, 45, 62, 91, 92, 93
Cain, 37
celibato, 60, 61
cielo, 16, 26, 29, 42, 43, 44, 45, 49,
51, 52, 53, 68, 69, 79, 80, 83, 91,
93, 94, 149, 160, 162, 164, 172,
187, 189, 192, 196, 202, 204,
205
cohecho, 71
crucifixión, 46, 128, 129, 131, 133,
142, 145, 181
David, 34, 35, 78, 101, 150, 175,
217
diluvio, 28, 91, 92
divorcio, 87, 99, 100, 112, 113,
115, 125
embriología, 56, 57
esclavitud, 67, 123
espíritu, 53, 91, 132, 136, 137, 144,
149, 150, 154, 188, 212
Goliat, 101
hierro, 24, 25
infierno, 195, 199, 203
interés, 70
Isaac, 35, 54, 98, 99, 100, 101
Ismael, 35, 96, 98, 99, 100, 101
Israel, 23, 29, 31, 32, 33, 34, 35,
36, 37, 49, 62, 84, 85, 88, 102,
104, 105, 106, 118, 128, 129,
134, 150, 152, 153, 158, 162,
177, 178, 182, 183, 197, 208,
213
Jesús, 2, 12, 16, 21, 22, 31, 35, 36,
38, 39, 46, 54, 65, 66, 67, 68, 69,
70, 78, 79, 80, 83, 84, 87, 88, 89,
93, 94, 105, 110, 112, 113, 115,
116, 118, 119, 122, 123, 127,
128, 129, 130, 131, 132, 133,
134, 135, 136, 137, 138, 139,
140, 141, 142, 143, 144, 145,
146, 147, 148, 149, 150, 151,
152, 153, 154, 155, 156, 157,
158, 159, 160, 161, 162, 163,
164, 165, 166, 167, 168, 169,
170, 171, 172, 173, 174, 175,
176, 177, 178, 179, 180, 181,
182, 183, 184, 185, 186, 187,
188, 189, 190, 191, 192, 195,
196, 197, 199, 201, 202, 205,
206, 207, 210, 211, 212, 213,
216, 217
José, 35, 94, 95, 96, 97, 139, 185
juramento, 79, 80, 208
kocher, 63
maldición, 35, 47, 53, 54, 55, 63,
65, 66, 67, 90, 91, 105, 182, 183,
196, 211
Maria, 118, 119, 122, 141, 147,
148, 156, 157, 170, 179, 212
miedo, 23, 25, 34, 38, 51, 81, 102,
123, 179, 184, 185, 197
Mohamet, 14, 31, 38, 39, 40, 84,
110, 117, 149, 168, 176, 177,
211, 212, 213
Moisés, 12, 21, 22, 31, 32, 33, 34,
35, 38, 46, 65, 66, 73, 74, 75, 76,
77, 89, 92, 102, 112, 113, 115,
116, 119, 150, 159, 210, 213
muerte, 31, 32, 46, 47, 48, 49, 54,
55, 62, 63, 73, 82, 84, 87, 88, 89,
102, 111, 112, 113, 118, 123,
124, 131, 132, 135, 139, 142,
144, 145, 148, 152, 162, 170,
180, 185, 186, 187, 194, 198,
202, 203, 204
mujeres, 29, 30, 33, 59, 61, 68, 79,
80, 84, 86, 89, 97, 107, 109, 110,
111, 112, 113, 114, 115, 116,
117, 118, 121, 122, 123, 124,

125, 126, 140, 141, 147, 148,
157, 161, 174, 189, 196, 211

Noé, 35, 54, 91, 92, 93, 104, 154,
155

pecado, 28, 31, 37, 39, 46, 47, 59,
72, 73, 80, 81, 87, 107, 108, 119,
157, 176, 180, 193, 194, 195,
201, 205, 207

poligamia, 78, 79

Sabát, 64, 65, 66

sacrificio, 63, 73, 78, 98, 99, 101,
153, 158, 166

salvación, 104, 105, 131, 158, 160,
188, 193, 199, 200, 201, 209,
210, 211

sangre, 57, 64, 73, 116, 153, 158,
164, 165, 166, 193, 197, 206,
211

Satanás, 109, 149, 150, 154, 179,
180, 194, 195, 211

tierra, 13, 16, 18, 19, 20, 21, 22, 24,
25, 26, 27, 28, 29, 31, 32, 33, 35,
37, 38, 42, 43, 44, 45, 47, 48, 49,
50, 51, 52, 53, 55, 64, 65, 68, 79,
80, 82, 83, 89, 91, 98, 99, 100,
101, 104, 105, 107, 108, 114,
119, 120, 121, 123, 124, 143,
144, 149, 152, 154, 156, 157,
158, 160, 163, 164, 165, 166,
169, 170, 171, 172, 182, 188,
189, 190, 191, 192, 196, 197,
198, 202, 203, 204, 205, 208,
210

Breinigsville, PA USA
07 October 2010
246942BV00002BA/79/A